Jesus

O DEUS

QUE CONHECE

O SEU NOME

Max Lucado

Jesus

O DEUS
QUE CONHECE
O SEU NOME

Traduzido por:
Markus Hediger

THOMAS NELSON
BRASIL®

Publisher	Samuel Coto
Editores	André Lodos e Brunna Prado
Revisão	Eliana Moura Mattos
Capa	Rafael Brum
Diagramação	Caio Cardoso

Dados Internacionais de Catalogação na Publicação (CIP)

L965j Lucado, Max
1.ed. Jesus : o Deus que conhece o seu nome / Max Lucado; tradução Markus Hediger. – 1.ed. – Rio de Janeiro : Thomas Nelson Brasil, 2021.
192 p.; 15,5 x 23 cm.

Título original : *Jesus: the God who knows your name*
ISBN: 978-65-56891-81-1

1. Espiritualidade. 2. Jesus Cristo. 3. Relacionamento divino. 4. Vida cristã. I. Hediger, Markus. II. Título.

Índice para catálogo sistemático:
1. Vida cristã 220.6

Bibliotecária responsável: Aline Graziele Benitez CRB-1/3129

Thomas Nelson Brasil é uma marca licenciada à Vida Melhor Editora LTDA.
Todos os direitos reservados à Vida Melhor Editora LTDA.
Rua da Quitanda, 86, sala 601A – Centro
Rio de Janeiro – RJ – CEP 20091-005
Tel.: (21) 3175-1030
www.thomasnelson.com.br

Este livro foi impresso pela Vozes, em 2024 para a Thomas Nelson Brasil.
O papel do miolo é ivory 65 g/m^2 e o da capa cartão 250 g/m^2.

Denalyn e eu dedicamos este livro, com alegria, ao nosso genro Jeff Jones.

Todos que conhecem você são pessoas melhores por causa disso.

Obrigado por amar a nossa garota!
Nós certamente amamos você.

Sumário

Agradecimentos

Quero agradecer aos meus bons amigos na HarperCollins Christian Publishing por seu apoio incrível. Mark Schoenwald, David Moberg, Brian Hampton, Janene MacIvor, Jessalyn Foggy e Mark Glesne defenderam este projeto do início ao fim. Acrescente a essa lista os nomes da nossa equipe de publicações: Karen Hill, Steve e Cheryl Green, Greg e Susan Ligon. Minha filha Andrea Lucado garantiu um excelente apoio editorial. Carol Bartley, o sonho realizado de cada autor, aplicou suas habilidades de revisão. Ao todo, foi um gigantesco esforço de equipe.

Introdução

Carinette tem uma faísca nela. Um olhar. Anda saltando. Seus olhos brilham. Ela é uma das 57 crianças no orfanato haitiano: de pele negra, olhos brilhantes, cabelo cacheado. Fala o idioma crioulo e adora se divertir. Cada uma das crianças é preciosa, mas essa garota de sete anos se destaca das outras. Não como resultado de um tratamento especial. Ela come o mesmo arroz e o mesmo feijão que os outros comem e brinca no mesmo pátio sem grama. Ela dorme sob o mesmo teto de latão que as outras meninas e ouve as batidas das mesmas gotas da chuva que cai quase todas as noites. A rotina dela é idêntica à das outras crianças. Mesmo assim, ela é diferente.

A razão? Pergunte para ela. Pergunte para Carinette sobre os visitantes que vieram de um mundo distante só para vê-la. Eles estavam à procura de uma garota, de uma garotinha, uma menina como ela. Conheciam o nome dela. Conheciam sua música favorita. Sabiam que ela adora folhear livros e pular corda. E, num momento que a mudou para sempre, eles a convidaram para viverem juntos.

"Eles estão vindo me buscar", ela lhe dirá.

Pergunte se ela pode lhe mostrar fotos da casa que será seu lar em breve. Se você não perguntar, ela lhe mostrará mesmo assim. Seus pais adotivos trouxeram fotos, um ursinho de pelúcia, barrinhas de cereais e biscoitos. Ela compartilhou os doces com suas amigas e pediu ao diretor que guardasse o ursinho, mas ficou com as fotos, que a lembram do pai que a conhece. Elas a lembram do lar que a espera. As fotos a convencem de acreditar no incrível: alguém conhece o nome dela e prometeu levá-la para a casa dela.

Por causa disso, Carinette é diferente. Ela ainda vive no mesmo orfanato, brinca no mesmo pátio, come no mesmo refeitório. Mas seu mundo mudou no dia em que soube que alguém num lugar distante conhece o nome dela e está vindo buscá-la.

Você estaria disposto a acreditar na mesma coisa?

Você está aberto para a ideia de um Pai, um Pai celestial, que conhece você? Para a ideia de um lar que espera você e em breve será seu? Você contemplaria essa ideia capaz de mudar uma vida? O Deus todo-poderoso e onisciente escolheu você como seu objeto de afeto. Ele conhece cada detalhe a seu respeito. Seus interesses, seus grilos. Seus medos e fracassos. Ele conhece você.

Deus diz sobre seus filhos: "O Senhor sonda todos os corações e conhece a motivação dos pensamentos" (1Crônicas 28:9).

Ele vê você como a "pupila dos olhos dele" (Zacarias 2:8).

Ele "se compadece das nossas fraquezas" (Hebreus 4:15).

O rei Davi escreveu: "Quando o meu espírito se desanima, és tu quem conhece o caminho que devo seguir" (Salmos 142:3).

E Jó declarou: "Ele conhece o caminho por onde ando" (Jó 23:10).

Você conhece esse Deus que conhece você?

Ele conhece seu nome. E ele mal consegue esperar para levá-lo para casa.

Conheci a história da órfã haitiana não quando eu estava viajando para o Haiti, mas esperando no saguão da igreja. Sou pastor. Como outros pastores, gosto de cumprimentar as pessoas depois do culto. E, como outros pastores, sou um público curioso para pais e avós que querem exibir os acréscimos mais recentes à família. Eu segurei mais bebês do que consigo contar e admirei mais fotografias do que um fotógrafo. Mas não me lembro de ter ficado mais surpreso do que no dia em que Dan quis me mostrar uma foto de sua nova filha. A garota na foto abria um sorriso enorme, usava uma fita cor-de-rosa e a pele dela era da cor de chocolate.

O homem que me entregou a foto também estampava um sorriso enorme, usava botas e chapéu de caubói, e a pele dele era da cor do fantasma Gasparzinho.

"Filha?"

Foi quando eu soube do orfanato, da viagem e da decisão de aumentar sua família acrescentando mais um rosto à mesa de jantar. Ele mal parou para respirar durante os cinco minutos seguintes, contando-me tudo sobre o cabelo e os olhos dela, sobre sua cor, música e livro favoritos. Ele não conseguia parar de falar dela. Estava louco por ela.

A menina acreditava que o pai voltaria para buscá-la. Você acreditaria no mesmo sobre seu Pai?

Esta é a mensagem recorrente do céu, que levanta a alma:

"O Senhor terá prazer em você" (Isaías 62:4).

"Não tema, pois eu o resgatei; eu o chamei pelo nome; você é meu" (Isaías 43:1).

"Veja, eu gravei você nas palmas das minhas mãos" (Isaías 49:16).

"O Senhor se agrada dos que o temem, dos que colocam a esperança no seu amor leal" (Salmos 147:11).

"O Senhor firma os passos de um homem, quando a conduta deste o agrada; ainda que tropece, não cairá, pois o Senhor o toma pela mão" (Salmos 37:23-24).

Essas palavras surpreendem você? De onde tiramos essa ideia de um Deus que não se importa, que não está perto? Certamente não foi de Jesus.

Jesus Cristo é a imagem perfeita de Deus. Assim como Carinette tinha as fotos dela, nós temos Jesus. Quer saber como Deus se sente em relação aos doentes? Olhe para Jesus. O que irrita Deus? Olhe para Jesus. Deus desiste das pessoas? Ele defende as pessoas? Encontre a resposta em Jesus. "O Filho é o resplendor da glória de Deus e a expressão exata do seu ser" (Hebreus 1:3).

As fotos informam os pensamentos de Carinette sobre seu futuro lar.

Ela ainda não está em casa. Estará dentro de um mês, talvez. Em dois meses, no máximo. Ela sabe que o dia virá. Ela sabe que o momento é iminente. Sempre que o portão se abre, seu coração dá um salto. A qualquer dia seu pai pode aparecer. Ele está vindo. Ele prometeu que voltaria. Uma vez ele veio para reivindicá-la. Ele virá novamente para carregá-la. Até lá, ela vive com um coração a caminho de casa.

Não deveríamos viver todos assim? A situação de Carinette é um espelho da nossa. Nós não fomos reivindicados? Não somos filhos adotados? "Pois vocês não receberam um espírito que os escravize para novamente temer, mas receberam o Espírito que os adota como filhos, por meio do qual clamamos: 'Aba, Pai'" (Romanos 8:15).

Deus procurou você. Ele escolheu você. Antes de você saber que precisava ser adotado, ele já tinha dado entrada nos documentos.

"Pois aqueles que de antemão conheceu, também os predestinou para serem conformes à imagem de seu Filho, a fim de que ele seja o primogênito entre muitos irmãos" (Romanos 8:29).

Abandonar você num mundo sem pai e de pratos de metal e beliches duras? Impossível. Aqueles que estão a par da Bíblia da família de Deus podem ler seu nome. Ele colocou seu nome no livro dele. E mais, ele pagou as taxas de adoção. Deus enviou seu Filho "a fim de redimir os que estavam sob a lei, para que recebêssemos a adoção de filhos" (Gálatas 4:5). Nós não pagamos nossa adoção, mas nós a aceitamos. Carinette poderia ter dito aos Johnson que desaparecessem de sua vida. Mas ela não fez isso. Você pode mandar Deus embora. Mas você não ousaria, ousaria? "Todos vocês são filhos de Deus mediante a fé em Cristo Jesus" (Gálatas 3:26). No momento em que aceitamos sua oferta, passamos de órfãos para herdeiros: "Vocês são seus herdeiros" (Gálatas 3:29).

Herdeiros! Herdeiros com um novo nome. Novo lar. Nova vida. "Herdeiros de Deus e coerdeiros com Cristo" (Romanos 8:17). O céu não conhece afiliados nem netos. Você e Cristo estão no mesmo testemunho. O que ele herda, você herda. Você está a caminho de casa.

Ah! Mas tendemos a esquecer, não tendemos? Nós nos acostumamos com beliches duros e salas de aula lotadas. Raramente olhamos por cima da cerca para o mundo que está por vir. E quando foi a última vez em que imaginou seu lar futuro? Pedro está falando conosco quando nos encoraja: "Amados, insisto em que, como estrangeiros e peregrinos no mundo, vocês se abstenham dos desejos carnais que guerreiam contra a alma" (1Pedro 2:11).

Como Carinette, somos adotados, mas ainda não fomos transportados. Nós temos uma nova família, mas ainda não nos encontramos com todos os seus membros. Conhecemos o nome do nosso Pai, e ele nos reclamou para si, mas ainda não nos veio buscar. E aqui estamos nós. Presos entre o que é e o que será. Não somos mais órfãos, mas ainda não estamos em casa. O que fazemos no meio-tempo? O meio-tempo pode ser um tempo mau. Um tempo mau por causa de doença, enganação, morte e dívida. Como vivemos no meio-tempo? Como mantemos nosso coração a caminho do nosso lar? "Tendo os olhos fitos em Jesus, autor e consumador da nossa fé. Ele, pela alegria que lhe fora proposta, suportou a cruz, desprezando a vergonha, e assentou-se à direita do trono de Deus" (Hebreus 12:2).

Olhe para Jesus. Contemple sua vida. Considere seus caminhos. Medite sobre suas palavras. Jesus. Somente Jesus.

Esse é o objetivo deste livro que você segura em mãos. Ele contém pensamentos já publicados e pensamentos até então inéditos sobre a vida de Cristo. Com essas palavras, quero oferecer esta oração:

> Que o Herói de toda a história possa falar com você. Que você possa encontrar em Jesus a resposta às necessidades mais profundas da sua vida. Que você se lembre do seu mais alto privilégio: Deus conhece você e o céu preza você.

Fique de olho no portão principal. Seu Pai aparecerá para levá-lo para casa num piscar de olhos.

PARTE 1

EMANUEL

Quando nossa filha Sara tinha quatro anos, ela entrou correndo em nossa casa, com um saco de plástico cheio de água na qual nadava um peixe dourado. "Olhem o que nos deram na festa de aniversário!" (Puxa, valeu.) Colocamos o peixe num aquário e nos reunimos em torno dele para escolher um nome. *Sebastian* ganhou. Rapidamente ele se tornou a estrela da nossa família. Colocamos o aquário na mesa de jantar para que pudéssemos observá-lo enquanto comíamos. O peixe perfeito para um jantar.

Mas então ficamos entediados. Não era culpa do Sebastian. Ele fazia tudo que um peixe de família devia fazer. Ele nadava em círculos e subia à superfície para engolir sua ração. Ele nunca pulou do aquário para a pia nem exigiu um lugar no sofá. Ele passava suas noites aconchegado a uma planta verde. Quieto. Contido. Como Jesus?

O Jesus de muitas pessoas é tão pequeno, que pode ser colocado num aquário que cabe numa estante. Embrulhe-o e o mande para casa com a criançada. Jogue-o num aquário e veja-o nadar. Ele nunca causa problemas nem exige atenção. Todos querem um Jesus de aquário de peixe dourado, certo? Se você é uma dessas pessoas, fique longe do Jesus Cristo real. Ele causa confusão. Ele ataca você como uma mangueira de bombeiro – cuspindo, purgando, purificando. Ele não nadará calmamente. Ele se parece mais com uma força do que com uma decoração, levando consigo o último torrão de dúvida e morte e infundindo em nós maravilha e esperança.

Ele muda tudo. Jesus não promete curar seu ronco, transformar seus filhos em alunos exemplares nem garante que você acertará na loteria. Jesus não torna você *sexy*, magro ou inteligente. Jesus não muda o que você vê no espelho.

Ele muda como você vê o que vê.

Ele não pode ser silenciado, embrulhado, nem é previsível. Ele é o pastor que expulsou pessoas da igreja. Ele é o profeta que amava malandros e prostitutas. Ele é o rei que lavou o pé de seu traidor. Ele transformou uma cesta de pão em um banquete e um amigo morto em um amigo vivo. E, acima de tudo, ele transformou o túmulo num ventre que deu à luz a vida. Sua vida.

Jesus. Cinco letras. Seis horas. Uma cruz. Três pregos. Vivemos porque ele vive, temos esperança porque ele opera e importamos porque ele importa. Ser salvo pela graça é ser salvo por ele – não por ideia, doutrina, credo ou filiação a uma igreja, mas por Jesus pessoalmente, que levará para o céu qualquer um que o escolhe. Um Jesus Peixe Dourado? Nem pensar.

O Jesus Peixe Dourado só acontece no Natal e na Páscoa. O Jesus verdadeiro reclama para si cada tique-taque do relógio.

O Jesus Peixe Dourado acena para o pecado. O Jesus verdadeiro o destrói.

O Jesus Peixe Dourado é um amuleto de crucifixo num colar. Jesus é um tigre em seu coração.

Você conhece esse Jesus? Se sua resposta é "não", vamos conversar sobre ele. Se sua resposta é "sim", vamos conversar sobre ele. Vamos conversar sobre Jesus.

Vamos começar por onde começou o ministério de Jesus na terra – no ventre de Maria. Por um tempo, o Deus do universo chutou contra a parede daquele ventre. Ele nasceu em pobreza, como um camponês, e passou sua primeira noite na manjedoura de uma vaca. "Aquele que é a Palavra tornou-se carne e viveu entre nós" (João 1:14).

Ele não precisava ter feito isso, precisava?

Jesus poderia ter se tornado uma voz – uma voz no ar.

Jesus poderia ter se tornado uma mensagem – uma mensagem no céu.

Jesus poderia ter se tornado uma luz – uma luz na noite.

Mas ele se tornou mais, muito mais.

Ele se tornou carne. Por quê?

Por que ele enfrentou essa jornada? Por que foi tão longe?

Talvez a resposta inclua esta palavra: *você*.

Jesus veio para estar próximo de você. Qualquer dúvida que você possa ter sobre seu poder e amor foi removida no momento em que ele se tornou carne e entrou no mundo.

Que começo. Que entrada. Que momento. Jesus Peixe Dourado? De jeito nenhum.

Capítulo 1

Nascido para você neste dia

Nascido de uma mãe.
Familiarizado com dor física.
Gosta de uma boa festa.
Rejeitado por amigos.
Falsamente acusado.
Adora histórias.
Paga impostos com relutância.
Canta.
Não gosta de religião gananciosa.
Tem pena dos solitários.
Desprezado pelos irmãos.
Defende o marginalizado.
Passa noites em claro por causa de preocupações.
Conhecido por cair no sono no meio de uma viagem.
Acusado de ser bruto demais.
Tem medo da morte.

Quem estou descrevendo? Jesus... ou você? Talvez ambos.

Com base nessa lista, parece que você e eu temos muito em comum com Jesus.

Grande coisa? Acho que sim.

Jesus entende você. Ele entende a anonimidade da cidade pequena e a pressão da cidade grande. Ele caminhou por pastos de ovelhas e andou em palácios de reis. Ele enfrentou fome, tristeza e morte e quer enfrentá-las com você. Jesus, "como nós, passou por todo tipo de tentação, porém, sem pecado" (Hebreus 4:15).

Se Jesus entende nossas fraquezas, Deus também entende. Jesus era Deus em forma humana. Ele era Deus conosco. É por isso que Jesus é chamado "Emanuel".

Emanuel aparece na mesma forma em hebraico que a usada há 2 mil anos. *Immanu* significa "conosco". *El* se refere a *Elohim*, ou Deus. Assim, Emanuel não é um "Deus acima de nós" nem um "Deus em algum lugar na vizinhança". Ele veio como o "Deus conosco". Deus co*nosco*. Não "Deus com os ricos" nem "Deus com os religiosos". Mas Deus conosco. Com todos nós. Russos, alemães, budistas, mórmons, caminhoneiros e taxistas, bibliotecárias. Deus co*nosco*.

E a palavra *com*? Nós a amamos, não amamos? "Você virá *com*igo?", perguntamos. "Para o supermercado, para o hospital, na minha vida?" Deus diz que sim.

"E eu estarei sempre *com* vocês", Jesus disse antes de ascender ao céu, "até o fim dos tempos" (Mateus 28:20). Procure ressalvas ou restrições na promessa: não existe nenhuma. Você não encontrará nenhum "Estarei contigo se você se comportar... quando você acreditar. Eu estarei contigo no culto... na missa". Não, nada disso. Não existe nenhum artigo de exceção na promessa de Deus. Ele está *con*osco.

Deus está conosco.

Profetas não bastavam. Apóstolos não bastavam. Anjos não bastavam. Deus enviou mais do que milagres e mensagens. Ele enviou a si mesmo; enviou seu Filho. "A Palavra tornou-se carne e viveu entre nós" (João 1:14).

Durante milhares de anos, Deus nos deu sua voz. Antes de Belém, ele nos deu seus mensageiros, seus mestres, suas palavras. Mas, na manjedoura, Deus deu a si mesmo. Extraordinário, não acha? Imagino que Gabriel tenha coçado a cabeça ao ficar sabendo da ideia de "Deus conosco".

Gabriel não era alguém que costumava questionar as missões que Deus lhe dava. Enviar fogo e dividir o mar, tudo isso fazia parte do trabalho de uma eternidade para esse anjo. Quando Deus enviava, Gabriel ia. Quando a notícia se espalhou de que Deus se tornaria humano, Gabriel com certeza se entusiasmou. Ele conseguia imaginar o momento:

O Messias numa carruagem brilhante.

O Rei descendo numa nuvem de fogo.

Uma explosão de luz da qual emergia o Messias.

Certamente era isso que ele esperava. No entanto, o que ele nunca esperou foi aquilo que recebeu: um bilhete com um endereço em Nazaré.

"Deus se tornará bebê", dizia ele. "Diga à mãe que ela deve chamar seu filho de *Jesus*. E diga a ela que não precisa ter medo".

Gabriel não costumava questionar seu Mestre, mas dessa vez ele se perguntou: *Deus se tornará bebê?* Gabriel já tinha visto bebês antes. Ele tinha sido líder de pelotão na "Operação Junco". Ele ainda se lembrava do pequeno Moisés.

Isso funciona para os humanos, Gabriel pensou. *Mas para Deus? Os céus não podem contê-lo. Como um corpo conseguiria? Além disso, você já viu o que sai desses bebês? Dificilmente aquilo é digno do Criador do universo. Bebês precisam ser carregados e alimentados, arrotam e precisam ser lavados. Consegue imaginar uma mãe fazendo Deus arrotar em seus ombros?*

Nem um anjo conseguia imaginar isso.

E esse nome? Como é que era mesmo – Jesus? Um nome tão comum. Existe um Jesus em cada beco. Que é isso! Até Gabriel é mais bonito do que Jesus. Chamem o bebê de Eminência, ou Majestade, ou Enviado dos Céus. Tudo, menos Jesus.

Assim, Gabriel ficou coçando a cabeça. *Onde foram parar os bons e velhos tempos?* Enchentes globais. Espadas flamejantes. Esse era o tipo de ação que ele amava. Mas Gabriel tinha as suas ordens: *Leve a mensagem até Maria.*

Deve ser uma moça especial, ele supôs enquanto viajava. Mas Gabriel estava prestes a ter outra surpresa. Bastou bater o olho e Gabriel soube que Maria não era uma rainha. A futura mãe de Deus não era da família real. Era uma camponesa judia que mal tinha saído da adolescência e estava apaixonada por um rapaz chamado José.

E, falando de José, o que esse sujeito sabe? Se fosse um tecelão na Espanha ou um sapateiro na Grécia, não faria diferença. É carpinteiro. Olhe para ele ali – serragem na barba e um cinto de ferramentas na cintura. Você está querendo me dizer que Deus se sentará à mesa de jantar todas as noites com ele? Está querendo me dizer que a fonte da sabedoria chamará esse cara de "pai"? Está querendo me dizer que um trabalhador comum será responsável por providenciar alimento para Deus? E se ele for demitido? E se ele se irritar? E se ele decidir fugir com a mocinha bonita do fim da rua? E aí? O que será de nós?

Havia uma única coisa que podia impedir Gabriel de dar meia-volta: "Essa é uma ideia um tanto estranha, Deus", ele deve ter dito a si mesmo, mas obedeceu. Ele não se rebelaria contra o seu chefe, que, por acaso, também controlava o universo.

Ele visitou Maria e lhe disse:

> Não tenha medo, Maria; você foi agraciada por Deus! Você ficará grávida e dará à luz um filho, e lhe porá o nome de Jesus. (Lucas 1:30-31)

A história de Jesus começa com uma grande descida. O Filho de Deus se tornou filho de Maria. Ele se tornou um de nós para que nós pudéssemos ser um com ele. Ele entrou no nosso mundo com a esperança de que nós entrássemos no mundo dele.

Capítulo 2

Uma noite nada comum

Só uma palavra consegue descrever a noite em que ele finalmente veio: *comum*.

O céu estava comum. De vez em quando, uma brisa remexia as folhas e refrescava o ar. As estrelas eram diamantes que cintilavam em veludo preto. Nuvens flutuavam e encobriam a Lua.

Era uma noite linda – uma noite em que você teria olhado pela janela do seu quarto para admirar o céu –, mas não era uma noite incomum. Não existia motivo para esperar uma surpresa. Nada que fizesse alguém passar a noite em claro. Uma noite comum com um céu comum.

As ovelhas eram comuns. Algumas eram gordas. Outras eram magras. Algumas tinham barrigas inchadas. Outras tinham pernas de graveto. Animais comuns. Nenhuma lã feita de ouro. Nenhuma ovelha que escreveria história. Nenhuma ovelha premiada. Eram simplesmente ovelhas – silhuetas desajeitadas e sonolentas numa colina.

E havia os pastores. Eram camponeses. Provavelmente vestiam todas as roupas que tinham. Cheiravam a ovelhas. Eram responsáveis e dispostos a passar a noite com seus rebanhos. Mas você não encontrará seus cajados num museu nem seus escritos numa biblioteca. Ninguém pedia sua opinião sobre justiça social ou sobre a aplicação da Torá. Eram pessoas anônimas e simples.

Uma noite comum com ovelhas comuns e pastores comuns. Se não fosse por um Deus que adora acrescentar um prefixo ao comum, a noite teria passado despercebida. Mas Deus dança no meio do comum. E naquela noite ele dançou uma valsa.

O céu escuro explodiu em brilho. As árvores – que até então tinham sido apenas sombras – foram banhadas em luz. Num minuto, os pastores estavam em sono profundo. No seguinte, estavam esfregando os olhos e olhando para o rosto de um anjo, que declarou: "Hoje, na cidade de Davi, lhes nasceu o Salvador que é Cristo, o Senhor" (Lucas 2:11).

A noite deixou de ser comum.

Quando a noite foi dando lugar ao amanhecer, o barulho e o movimento nas ruas começaram mais cedo do que de costume no vilarejo de Belém. As pessoas já estavam de pé. Os vendedores estavam se posicionando nas esquinas das ruas mais movimentadas. Donos de loja estavam abrindo as portas de seu comércio. As crianças foram acordadas pelo latido dos cachorros de rua e pelas reclamações dos burros que puxavam as carroças.

O dono da pousada tinha acordado antes de todos os outros na cidade. Afinal de contas, a pousada estava lotada, todos os leitos estavam ocupados. Cada colchão e lençol tinha sido aproveitado. Em breve, todos os hóspedes estariam de pé e haveria muito trabalho a fazer.

Imaginamos a conversa do dono da pousada com sua família durante o café da manhã. Será que alguém mencionou a chegada do jovem casal na noite anterior? Alguém perguntou se estavam bem? Alguém fez algum comentário sobre a moça grávida que veio montada num jumento? Talvez. Talvez alguém tenha mencionado o casal. Mas, se foi mencionado, com certeza isso não gerou uma discussão. Não era nenhuma novidade. Provavelmente, representavam apenas uma de várias famílias que tinham sido recusadas naquela noite.

Além disso, quem tinha tempo para falar sobre eles? O ar estava carregado de entusiasmo. Augusto fez um favor à economia de Belém quando decretou a realização de um censo, obrigando todas as pessoas a voltarem para a sua cidade natal. Fazia muito tempo desde que o comércio do vilarejo tinha recebido tamanho impulso.

Não, dificilmente mencionaram a chegada do casal ou se preocuparam com o estado da moça. Estavam ocupados demais. O dia tinha começado. Havia pão a ser assado. As tarefas matinais precisavam ser feitas. Todos estavam ocupados demais para imaginar que o impossível tinha acontecido.

Deus tinha entrado no mundo como um bebê.

Mas se, por acaso, alguém tivesse passado por aquele estábulo nas proximidades de Belém naquela manhã, teria testemunhado uma cena peculiar. O estábulo fede como todos os estábulos costumam feder. O cheiro pungente de urina, esterco e ovelhas domina o ar. O chão é duro; o feno, sujo. Teias de aranha se agarram ao teto e um rato atravessa correndo o chão de terra.

Não existe local de nascimento mais humilde.

Num lado, vê-se um grupo de pastores. Estão sentados no chão, em silêncio, perplexos talvez, talvez assustados, certamente maravilhados. Sua vigília tinha sido interrompida por uma explosão de luz no céu e uma sinfonia de anjos. Deus vai até aqueles que têm tempo de ouvi-lo, por isso, nessa noite clara, ele foi até os pastores simples.

Próximo à jovem mãe está sentado o pai exausto. Se alguém estiver cochilando, esse alguém é ele. Ele não consegue se lembrar da última vez em que se sentou. E agora, que toda a excitação se acalmou um pouco, agora que Maria e o bebê estão confortáveis, ele encosta na parede do estábulo e sente o peso das pálpebras. Ele não conseguiu entender tudo. O mistério do ocorrido ainda o deixa confuso. Mas falta-lhe a energia para lutar com as perguntas. O que importa é que o bebê está bem e que Maria está segura. Pouco antes de cair no sono, ele se lembra do nome que o anjo o instruiu a usar – *Jesus*.

"Nós o chamaremos de Jesus".

Maria está acordadíssima. Como ela parece nova! Sua cabeça descansa no couro macio da sela de José. A dor foi ofuscada pela maravilha. Ela olha para o rosto do bebê. Seu filho. Seu Senhor. Sua Majestade.

A essa altura na história, o ser humano que melhor entende quem Deus é e o que ele está fazendo é uma moça adolescente num estábulo fedorento. Ela não consegue tirar os olhos dele. De alguma forma, Maria sabe que está segurando Deus. *Então este é ele.* Ela se lembra das palavras do anjo: "Seu reino jamais terá fim" (Lucas 1:33). Ele parece ser tudo, menos um rei. Seu rosto é rosado. Seu choro, embora forte e saudável, ainda é o choro impotente e estridente de um bebê. E seu bem-estar depende totalmente de Maria.

Majestade em meio ao mundano. Santidade na sujeira de fezes de ovelhas. Divindade que entra no mundo pelo chão de um estábulo, através do ventre de uma adolescente e na presença de um carpinteiro.

Ela toca o rosto do Deus bebê. *Como foi longa a sua jornada*!

Esse bebê tinha supervisionado o universo. Sua sala de trono dourada tinha sido abandonada em troca de um curral de ovelhas sujo. E anjos tinham sido trocados por pastores bondosos, mas perplexos. A natureza de Deus não conseguiu segurá-lo no céu. Ela o levou para a terra. No grande evangelho de Deus, ele não só envia, mas também se torna; ele não só olha, mas vive no meio; ele não só fala conosco, mas vive conosco como um de nós.

Capítulo 3

A Palavra se fez carne

Você conhece a parte mais notável da encarnação? Não estou falando do fato de que Deus tenha trocado a eternidade por calendários, embora essa troca também mereça nossa atenção.

As Escrituras dizem que o número dos anos de Deus é insondável (Jó 36:26). Podemos descobrir o momento em que a primeira onda se quebrou numa praia ou em que a primeira estrela apareceu no céu, mas jamais encontraremos o primeiro momento em que Deus foi Deus, pois não existe momento em que Deus não tenha sido Deus. Ele nunca não existiu, pois ele é eterno.

Deus não está preso ao tempo.

Mas, quando Jesus veio para a terra, tudo isso mudou. Pela primeira vez ele ouviu uma expressão que nunca havia sido usada no céu: "Seu tempo acabou". Como criança, ele teve de sair do templo porque seu tempo tinha acabado. Como homem, teve de sair de Nazaré porque seu tempo tinha acabado. E, como Salvador, teve de morrer porque seu tempo tinha acabado. Durante 33 anos, o touro do céu viveu no curral do tempo.

Isso certamente é notável, mas existe algo que é ainda mais notável. Você deseja ver a joia mais brilhante no tesouro da encarnação? Talvez você pense que é o fato de ele ter vivido num corpo. Em um momento, ele era um espírito ilimitado; no momento seguinte, era carne e ossos. Você se lembra destas palavras do rei Davi: "Para onde poderia eu escapar do teu Espírito? Para onde poderia fugir da tua presença? Se eu subir aos céus, lá estás; se eu fizer a minha cama na sepultura, também lá estás. Se eu subir com as asas da alvorada e morar na extremidade do mar, mesmo ali a tua mão direita me guiará e me susterá" (Salmos 139:7-10)?

Perguntar "Onde está Deus?" é igual a um peixe perguntar "Onde tem água?", ou um pássaro perguntar "Onde tem ar?". Deus está por toda parte! Igualmente presente em Beijing e Peoria. Tão ativo na vida dos islandeses como na vida dos texanos. O domínio de Deus é "de mar a mar e desde o rio Eufrates até os confins da terra" (Salmos 72:8). Não podemos encontrar um lugar onde Deus não está.

Mas, quando Deus entrou no tempo e se tornou homem, ele, que estava livre, ficou preso. Preso na carne. Limitado por músculos que se cansavam e pálpebras sonolentas. Por mais de três décadas, seu alcance até então ilimitado seria limitado ao alcance de um braço; sua velocidade restrita ao passo de pés humanos.

Eu me pergunto: alguma vez ele sentiu a tentação de reivindicar sua ausência de limites? No meio de uma longa viagem, alguma vez ele contemplou a possibilidade de se transportar para a próxima cidade? Quando a chuva fazia seu corpo tremer, ele se sentiu tentado a mudar o tempo? Quando o calor rachava seus lábios, ele pensou em dar um pulo no Caribe para se refrescar?

Se ele teve esse tipo de pensamento, nunca cedeu. Nem uma única vez. Pare e reflita sobre isso. Cristo nunca usou seus poderes sobrenaturais em benefício próprio. Com uma única palavra ele poderia ter transformado o chão duro numa cama macia, mas não fez isso. Com um único gesto, poderia ter jogado o cuspe de seus acusadores de volta em seus rostos, mas não fez isso. Com um piscar de seus olhos, poderia ter paralisado a mão do soldado que tecia a coroa de espinhos. Mas ele não fez isso.

Notável. Mas essa é a parte mais notável de sua vinda?

Muitos diriam que não. Muitos, talvez a maioria, apontariam não para a ausência de eternidade e de limites, mas para a ausência de pecado. É fácil entender por quê.

Não é essa a mensagem da coroa de espinhos?

Um soldado anônimo pegou alguns galhos – flexíveis e dotados de espinhos – e teceu com eles uma coroa de deboche, uma coroa de espinhos.

Nas Escrituras, espinhos simbolizam não o pecado, mas as consequências do pecado. Você se lembra do Éden? Quando Adão e Eva pecaram, Deus amaldiçoou a terra: "Maldita é a terra por sua causa; [...] Ela lhe dará espinhos e ervas daninhas, e você terá que alimentar-se das plantas do campo" (Gênesis 3:17-18). Espinheiros na terra são o produto de pecado no coração.

Qual é o fruto do pecado? Entre na roseira brava da humanidade e sinta alguns cardos. Vergonha. Medo. Desgraça. Desencorajamento. Ansiedade. Nosso coração não ficou preso nesses espinheiros? O coração de Jesus não. Ele nunca tinha sido ferido pelos espinhos do pecado. O que você e eu enfrentamos a cada dia, ele nunca vivenciou. Ansiedade? Ele nunca se preocupou! Culpa? Ele nunca foi culpado! Medo? Ele nunca saiu da presença de Deus! Jesus nunca conheceu os frutos do pecado... até ele se tornar pecado por nós.

Quando isso aconteceu, todas as emoções do pecado o inundaram como as ondas de um mar tempestuoso. Ele se sentiu ansioso, culpado e sozinho. Você consegue ouvir a emoção em sua oração? "Meu Deus! Meu Deus! Por que me abandonaste?" (Mateus 27:46). Essas não são as palavras de um santo. São o grito de um pecador.

E essa oração é uma das partes mais notáveis de sua vinda. Mas consigo pensar em algo ainda maior do que isso. Quer saber o que é? Quer saber qual é o aspecto mais legal de sua vinda?

Não é que aquele que jogava bola de gude com estrelas desistiu disso para jogar bola de gude com bolas de gude. Ou que aquele que pendurava galáxias desistiu disso para instalar batentes para um cliente irritado que queria tudo para ontem, mas só conseguiria pagar pelo serviço amanhã.

Não é que ele, dentro de um instante, passou de precisar de nada para precisar de ar, comida, um banho quente e descanso para seus pés cansados e, mais do que tudo, alguém que se preocupasse mais com onde passaria a eternidade do que com onde gastaria sua folha de pagamento da sexta-feira.

Nem que ele resistiu ao impulso de fritar vivos os supervisores autodesignados da santidade que ousaram sugerir que ele estava fazendo a obra do diabo.

Nem que permaneceu calmo enquanto seus 12 melhores amigos fugiram quando a situação começou a esquentar. Nem que recusou dar a ordem aos anjos que imploravam: "Senhor, basta um gesto, uma palavra, e acabamos com esses demônios".

Nem que recusou se defender quando foi acusado de cada pecado de cada prostituta e de cada marinheiro desde Adão. Nem que permaneceu em silêncio quando um milhão de vereditos ecoava no tribunal dos céus e o doador da luz foi abandonado no frio da noite.

Nem mesmo que, após três dias num buraco escuro, ele saiu para ver o Sol raiar na Páscoa com um sorriso e uma pergunta para Lúcifer: "Essa foi sua melhor jogada?".

Aquilo foi legal, muito legal.

Mas quer saber qual é a coisa mais legal em relação àquele que trocou a coroa do céu pela coroa de espinhos?

Ele fez isso por você. Só por você.

Capítulo 4

Jesus entende você

Estou observando uma família de esquilos. Eu deveria estar trabalhando numa mensagem para o Natal, mas não consigo me concentrar. Os esquilos parecem ter decidido me entreter. Eles pulam entre as raízes da árvore ao norte do meu escritório. Somos vizinhos há três anos. Eles observam como eu fico castigando o teclado. Eu observo como eles guardam suas nozes e escalam o tronco da árvore. Nós nos divertimos mutuamente. Eu poderia observá-los o dia todo. Às vezes, é isso que faço.

Mas nunca pensei em me tornar um deles. O mundo dos esquilos não me atrai. Quem iria querer dormir ao lado de um roedor cabeludo? (Não, não quero ouvir nenhum comentário, Denalyn.) Desistir das Montanhas Rochosas, da pesca, de casamentos e das risadas em troca de um buraco no chão e uma dieta de nozes sujas? Não conte comigo.

Mas conte com Jesus. Imagine o mundo que ele abandonou. Nossa mansão mais luxuosa seria um tronco de árvore para ele. Nosso menu mais refinado seriam nozes na mesa celestial. E quanto à ideia de se tornar um esquilo com patas e dentes miúdos e um rabo peludo? Isso não é nada comparado a Deus se tornar um embrião e entrar no ventre de Maria. Mas foi o que ele fez. O Deus do universo nasceu na pobreza de um camponês e passou sua primeira noite na manjedoura de uma vaca. "A Palavra tornou-se carne e viveu entre nós" (João 1:14). O Deus do universo abandonou a glória do céu e se mudou para o nosso bairro. Nosso bairro! Quem teria imaginado algo assim?

Ele adora estar com aquele que ama, tanto que aquele que fez tudo "esvaziou-se a si mesmo" (Filipenses 2:7). Cristo se fez pequeno. Ele aceitou depender de pulmões, de uma laringe e de pernas. Ele experimentou fome e sede. Ele passou por todas as fases normais do desenvolvimento humano. Ele aprendeu a andar, ficar de pé, lavar o rosto e se vestir. Seus músculos se fortaleceram; seu cabelo cresceu. Sua voz mudou quando passou pela puberdade. Era genuinamente humano.

Quando estava "exultando" (Lucas 10:21), sua alegria era autêntica. Quando chorou por Jerusalém (Lucas 19:41), as lágrimas dele foram tão reais quanto as suas e as minhas. Quando perguntou: "Até quando terei que suportá-los?" (Mateus 17:17), sua frustração era sincera. Quando exclamou na cruz: "Meu Deus! Meu Deus! Por que me abandonaste?" (Mateus 27:46), ele precisava de uma resposta. Ele veio "a ser servo" (Filipenses 2:7). Ele se tornou igual a nós para que pudesse nos servir! Ele entrou no mundo não para exigir nossa lealdade, mas para mostrar seu afeto.

Jesus pode ter tido espinhas. Ele pode ter sido desafinado. É possível que uma garota da vizinhança tenha se apaixonado por ele, ou vice-versa. Talvez tenha tido joelhos ossudos. Uma coisa é certa: apesar de totalmente divino, ele era totalmente humano.

Por quê? Por que Jesus se expôs a dificuldades humanas?

Exausto em Samaria (João 4:6). Perturbado em Nazaré (Marcos 6:6). Furioso no templo (João 2:15). Sonolento no barco no Mar da Galileia (Marcos 4:38). Triste junto ao túmulo de Lázaro (João 11:35). Faminto no deserto (Mateus 4:2).

Por que ele suportou todos esses sentimentos? Porque ele sabia que você também os teria. Ele sabia que você ficaria exausto, perturbado e irritado. Ele sabia que você ficaria sonolento, que seria tomado de luto, que teria fome. Sabia que você enfrentaria dor. Talvez não a dor do corpo, mas certamente a dor da alma... uma dor profunda demais para qualquer remédio. Sabia que você enfrentaria a sede. Talvez não a sede de água, mas certamente a sede de verdade, e a verdade que extraímos da imagem de um Cristo sedento é que ele entende. E, por isso, podemos ir até ele.

Sua falta de compreensão não nos manteria afastados dele? A falta de compreensão não nos mantém afastados dos outros? Suponha que você esteja desencorajado por causa de seu estado financeiro e precise de orientação de algum amigo compreensivo. Você buscaria a ajuda do filho de um bilionário? (Lembre-se, você está pedindo orientação, não um empréstimo.) Você procuraria alguém que herdou uma fortuna? Provavelmente não. Por quê? Ele não entenderia. Possivelmente ele nunca esteve na situação em que você se encontra, por isso não consegue entender como você se sente. Jesus, porém, esteve e pode. Ele esteve onde você está e consegue se identificar com seus sentimentos. Se a vida dele na terra não consegue convencer você, sua morte na cruz deveria. Ele entende o que você está sofrendo. Nosso Senhor não nos trata com ares de superioridade nem debocha das nossas necessidades. Ele responde "a todos [...] livremente, de boa vontade [...]" (Tiago 1:5). Como ele pode fazer isso? Ninguém o explicou de forma mais clara que o autor de Hebreus.

> [Jesus] passou por todo tipo de tentação, porém, sem pecado. Assim sendo, aproximemo-nos do trono da graça com toda a confiança, a fim de recebermos misericórdia e encontrarmos graça que nos ajude no momento da necessidade. (Hebreus 4:15-16)

Durante 33 anos, ele sentiu tudo que você e eu sentimos. Ele sentiu cansaço. Ele ficou exausto. Ele teve medo do fracasso. Era suscetível a mulheres que o cortejavam. Pegava resfriados, arrotava, seu corpo exalava cheiros. Seus sentimentos eram feridos. Seus pés se cansavam. E sua cabeça doía. Imaginar Jesus assim é... Bem, parece quase irreverente, não parece? Não é algo que gostamos de fazer; é desagradável.

É muito mais fácil manter a humanidade separada da encarnação. Retirar as fezes que estão em volta da manjedoura. Enxugar o suor em seu rosto. Fingir que ele nunca roncou, nem assoou o nariz, nem acertou o polegar com o martelo.

É mais fácil lidar com ele dessa forma. Quando preservamos sua divindade, isso também o mantém distante, arrumado, previsível. Mas não faça isso. Pelo amor de Deus, não faça isso. Permita que ele seja tão humano quanto ele quis ser. Permita que ele entre na sujeira e imundície do nosso mundo, pois só se permitirmos essa entrada é que ele poderá nos tirar desse lugar.

Deixe-o entrar e ouça o que ele tem a dizer.

"Ame o seu próximo" (Mateus 22:39) foi dito por um homem cujos vizinhos tentaram matá-lo.

O desafio de abandonar a família pelo evangelho (Lucas 14:26) foi lançado por aquele que se despediu de sua mãe com um beijo na porta da casa.

"Orem por aqueles que os perseguem" (Mateus 5:44) saiu da boca que, pouco tempo depois, implorou a Deus pelo perdão de seus assassinos.

"Estarei sempre com vocês" (Mateus 28:20) são as palavras de um Deus que, num instante, fez o impossível para tornar tudo possível para você e para mim.

Deus veio para a terra.

Tudo isso aconteceu num instante. Num instante... no instante mais notável. A Palavra se fez carne.

Haverá outro momento. O mundo verá outra transformação instantânea. Ao se tornar humano, Deus permitiu que os humanos vissem Deus. Quando Jesus voltou para casa, deixou a porta dos fundos aberta. Como resultado, "num momento, num abrir e fechar de olhos, [...] nós seremos transformados" (1Coríntios 15:52). O mundo não percebeu o primeiro momento de transformação. Mas o segundo não passará despercebido. Na próxima vez em que usar a expressão "Um momento", lembre-se de que esse é o tempo que Deus precisará para mudar este mundo.

PARTE 2

AMIGO

Numa pasta intitulada "Talvez essa não tenha sido uma ideia tão boa" encontra-se o relato do dia em que quase caí do céu.

Eu estava sentado no banco de trás de um monomotor quando, digamos que, se eu fosse católico, eu teria esfregado o meu terço até ele se desgastar.

A história começa com minhas aulas de voo. É isso aí. Eu decidi que queria tirar minha carteira de piloto. Durante uma escala de quatro horas, percebi que viajar talvez seria mais fácil se eu mesmo pudesse assumir o controle. Eu sabia que outros faziam isso: gente do tipo Orville e Wilbur Wright, que cumpria as exigências da FAA (Federal Aviation Administration) e partia para seus destinos com a facilidade de um funcionário que entra em seu carro para ir ao trabalho. Não haveria mais estacionamentos de aeroportos, não haveria mais atrasos nem filas de embarque. Legal, concorda?

Assim, decidi aprender a voar. Depois de umas vinte horas de instrução, posso dizer honestamente que eu tinha conseguido. Eu sabia pilotar um avião! Sabia decolar. Sabia voar curvas, subir, descer, acelerar e desacelerar. Eu era um Lindbergh nato. Eu sabia pilotar um avião.

O que eu não sabia era pousar um avião.

No dia em que quase caí do céu, eu tinha completado uma aula e contratado meu instrutor Hank para me levar até Dallas, onde eu deveria fazer uma palestra. Um amigo meu estava viajando comigo e, já que eu tinha passado a manhã inteira no avião, eu lhe ofereci o assento da frente e me acomodei no banco de trás. Isso o deixou na posição do copiloto enquanto eu fiquei com a posição do cochilo. Eu estava num sono profundo quando ouvi a voz de Hank nos fones de ouvido:

"Rapazes, não estou me sentindo bem."

Eu me inclinei para a frente. Hank estava branco como as nuvens ao nosso redor. Suor escorria de sua testa. Mais cedo, ele tinha mencionado que seus filhos estavam de cama por causa de um vírus. Não sou médico, mas deduzi que o vírus não estava confinado à casa de Hank.

"Pode repetir isso, Hank?", eu perguntei.

"Preciso colocar esse avião no chão. Não consigo voar."

No livro *Palavras que você nunca quer ouvir de seu piloto*, essa frase merece seu próprio capítulo. Hank começou a procurar o aeroporto mais próximo e eu comecei a procurar meu terço. Como mencionei acima, eu estava no banco de trás. Se estivesse na frente, eu teria me sentido melhor. Eu nunca tinha pousado um avião, mas já tinha tentado. Se Hank desmaiasse, pelo menos eu saberia como descer. Mas eu estava no fundo, totalmente incapaz de fazer qualquer coisa.

Eu não conseguia alcançar os controles, não podia usar o rádio para pedir socorro. Não podia pilotar o avião. Não podia nem culpar ninguém. Eu me senti totalmente, completamente impotente.

Você já se sentiu assim?

Talvez não num avião, mas num tribunal, no consultório de um médico, numa cela de prisão. Num beco sem saída, num aperto, numa encrenca. Entre a espada e a parede, não há nada que você possa fazer. Não é que você só possa fazer pouco, ou que tenha recursos limitados, ou opções limitadas à sua disposição. Não há nada que você possa fazer.

Nada, além de recorrer a Jesus. Você pode não ter nenhuma opção, mas, de acordo com a Bíblia, você nunca está sem esperança. Jesus veio para ajudar os impotentes e desafortunados. Ele veio como amigo. E ele sabe como pousar esse avião que chamamos de "vida".

Falando nisso, pousamos em segurança. Hank conseguiu controlar seu estômago até descobrir um campo de pouso no meio de uma plantação de algodão e pousar o avião. Eu suspendi minhas aulas de voo. Por algum motivo, passei a me interessar mais por botas de caminhar do que pelas asas de um avião.

Capítulo 5

Vida de alegria e abundância

Eu tenho um desenho de Jesus rindo. Está pendurado na parede em frente à minha escrivaninha. É um desenho e tanto. Sua cabeça está jogada para trás. Sua boca está aberta. Seus olhos brilham. Ele não está apenas sorrindo. Ele não está apenas gargalhando. Ele está se sacudindo de rir. Olhando para o desenho, dá para perceber que faz tempo que Jesus não via ou ouvia algo assim tão engraçado. Ele mal consegue pegar fôlego.

Quem me deu o desenho foi um padre episcopal com um maço de cigarros no bolso. Ele coleciona retratos do Jesus sorridente. "Eu os dou a todos que correm o perigo de levar Deus demasiadamente a sério", ele me explicou quando me entregou o presente.

Ele me avaliou bem.

Não sou alguém que tem facilidade de imaginar um Deus sorridente. Um Deus que chora, sim. Um Deus irado, tudo bem. Um Deus poderoso, pode apostar. Mas um Deus às gargalhadas? Bem, isso não parece ser o que Deus deveria fazer – ou ser. O que mostra o quanto eu sei – ou não sei – sobre Deus.

O que acho que ele estava fazendo quando esticou o pescoço da girafa? Um exercício em engenharia? O que acho que ele teve em mente quando mostrou ao avestruz onde deveria enfiar a cabeça? Estudando as camadas da terra? O que acho que estava fazendo quando inventou o grito de acasalamento de um macaco? Ou os oito braços do polvo? E o que vejo em seu rosto quando ele observou o primeiro encontro de Adão com Eva? Um bocejo?

Acho que não.

À medida que minha visão melhora e eu sou capaz de enxergar sem meus óculos manchados, vejo que um senso de humor seja talvez a única maneira de Deus nos aguentar por tanto tempo.

Aquilo é um sorriso no rosto de Deus quando Moisés se assusta ao ouvir a sarça ardente falar?

Ele sorri de novo quando Jonas é jogado na praia, banhado em sucos gástricos e fedendo a bafo de baleia?

Aquilo é um brilho em seus olhos quando observa como os discípulos alimentam multidões com o lanche de um garoto?

Você acha que ele consegue permanecer sério ao falar sobre o homem com uma trave em seu olho e que aponta o cisco no olho de um amigo?

Você realmente consegue imaginar um Jesus sério ao segurar crianças em seu colo?

Não, eu acho que Jesus sorriu. Acho que ele riu um pouco *das* pessoas e muito *com* as pessoas. Acho que era o tipo de homem que atraía as pessoas porque elas gostavam de estar com ele. Acho que era o tipo de cara que sempre era convidado para as festas.

Veja, por exemplo, o casamento em Caná. Muitas vezes, falamos sobre esse casamento como o lugar em que Jesus transformou água em vinho. Mas por que Jesus foi ao casamento? A resposta está no segundo versículo de João 2: "Jesus e seus discípulos também haviam sido convidados para o casamento". Quando a noiva e o noivo estavam fazendo a lista de convidados, o nome de Jesus foi incluído. E, quando Jesus apareceu com meia dúzia de amigos, o convite não foi revogado. Os anfitriões da festa ficaram felizes por Jesus estar presente.

"Não se esqueça de colocar o nome de Jesus na lista", eles devem ter dito. "Ele realmente anima a festa".

Jesus não foi convidado porque era uma celebridade. Ele ainda não era famoso. O convite não foi motivado por seus milagres. Ele ainda não tinha feito nenhum. Por que eles o convidaram?

Creio que gostavam dele. Grande coisa? Acho que sim. Acho que é significativo notar que o povo comum numa cidade pequena gostava de estar com Jesus. Acho que o fato de o Todo-Poderoso não ter agido de forma altiva e poderosa merece ser mencionado. O Santo não era mais-santo-do-que-você. Aquele que sabia tudo não era um sabichão.

Aquele que tinha feito as estrelas não andava com o nariz empinado. O dono de tudo que existe na terra não pavoneava.

Nunca. Ele poderia ter feito tudo isso? Ah! Com certeza!

Ele poderia ter se gabado: *Eu já lhe contei da vez em que Moisés e eu subimos a montanha*?

Ele poderia ter se exibido: *Quer que eu transporte você para o século 20*?

Ele poderia ter sido um espertalhão: *Sei o que está pensando. Quer que eu prove para você*?

Ele poderia ter sido arrogante e metido: *Tenho uns terrenos em Júpiter...*

Jesus poderia ter sido tudo isso, mas não foi.

Seu propósito não era se exibir, mas estar presente. Ele fez um esforço enorme para ser tão humano quanto seu vizinho. Ele não precisava estudar; mesmo assim frequentava a sinagoga. Ele não precisava de renda, mesmo assim trabalhou na carpintaria. Ele tinha desfrutado da companhia de anjos e ouvido as harpas do céu, mesmo assim foi a festas organizadas por coletores de impostos. E sobre seus ombros pesava o desafio de redimir a criação; mesmo assim ele teve tempo para caminhar os quilômetros até um casamento em Caná.

Por causa disso, as pessoas gostavam dele. Ah! Havia aqueles que riam de suas reivindicações. Eles o chamaram de blasfemador, mas nunca o chamaram de exibido. Eles o acusaram de heresia, mas nunca de arrogância. Ele foi rotulado como radical, mas nunca disseram que ele não se misturava com o povo. Não existe indício nenhum de que ele usou seu *status* celestial em benefício pessoal. Jamais. Você nunca tem a impressão de que seus vizinhos se cansaram de sua arrogância e disseram: "E aí? Quem é que disse que você é Deus?".

Sua fé fazia dele uma pessoa querida, não detestada. Jesus foi acusado de muitas coisas, mas nunca de ser um resmungão, rabugento ou idiota egoísta.

As pessoas não suspiravam quando ele aparecia. Não se escondiam quando ele entrava numa sala.

Ele as chamou por seu nome.

Ele ouviu suas histórias.

Ele respondeu suas perguntas.

Ele visitava seus parentes doentes e ajudou seus amigos enfermos.

Ele pescava com os pescadores, e almoçava com o zé-ninguém, e falava palavras de afirmação retumbantes. Ele foi a tantas festas, que foi criticado por sair com pessoas desordeiras e multidões de reputação questionável.

As pessoas se sentiam atraídas por Jesus. Seu nome sempre figurava na lista de convidados. Milhares iam ouvi-lo. Centenas decidiram segui-lo. Fechavam o comércio e abandonavam sua carreira para estar com ele. Sua declaração de propósito dizia: "Eu vim para que tenham vida, e a tenham plenamente" (João 10:10). Jesus era feliz e quer que nós também sejamos.

Quando os anjos anunciaram a chegada do Messias, eles proclamaram "boas novas de grande alegria" (Lucas 2:10), não "notícias ruins de um grande dever".

As pessoas diriam o mesmo sobre nós? De onde tiramos a ideia de que um cristão bom é um cristão solene? Quem espalhou o boato de que o distintivo de um discípulo é uma cara triste? Como criamos essa ideia de que os realmente dotados têm um coração pesado?

Posso expressar uma opinião que talvez levante uma sobrancelha? Eu posso lhe dizer por que, na minha opinião, Jesus foi para aquele casamento em Caná? Acho que ele foi para aquele casamento para – aguente firme e me ouça até o fim – se divertir.

Reflita um pouco sobre isso. Era um tempo difícil. Esse casamento ocorreu depois de ele passar quarenta dias no deserto. Sem comida, sem água. Um confronto com o diabo. Uma semana dedicada ao treinamento de uns galileus sem noção. Uma mudança de emprego. Ele tinha saído de casa. Não tinha sido fácil. Uma pausa seria bem-vinda. Comida boa e vinho bom com amigos bons. Uma ótima ideia.

E ele foi.

Seu propósito não era transformar água em vinho. Aquilo foi um favor que fez aos amigos. Seu propósito não era demonstrar poder. O anfitrião nem chegou a saber o que Jesus fez. Seu propósito não era pregar. Não existe registro de um sermão.

Resta então uma única razão. Diversão. Jesus foi para o casamento porque gostava das pessoas, porque gostava de comer e – Deus me livre! – porque queria dançar com a noiva. (Afinal de contas, ele está planejando um grande casamento para si mesmo. Talvez ele só queria praticar um pouco?)

Portanto me perdoem, Diácono Sem Humor e Irmã Carrancuda, sinto muito por estragar seu lamento fúnebre, mas Jesus era um sujeito adorável. E seus discípulos deveriam ser iguais. Não estou falando de deboche, embriaguez e adultério. Não estou defendendo concessões, rispidez nem vulgaridade. Estou simplesmente defendendo a liberdade de se divertir com uma piada boa, de animar uma festa chata e de aproveitar uma noite descontraída.

Talvez esses pensamentos peguem você de surpresa. Com certeza, foram uma surpresa para mim. Já faz muito tempo que não prego Jesus como alguém que gostava de festas. Mas ele gostava. Seus adversários o acusaram de comer demais, de beber demais e de escolher as pessoas erradas como suas amigas! Confesso: faz muito tempo que não sou acusado de me divertir demais. E você? Você se lembra daquele desenho de Jesus pendurado em meu escritório? Que tipo de retrato de Jesus está pendurado na parede da sua mente? Ele é triste, sério, irado? Seus lábios estão apertados? Ele está julgando você? Se estiver, visualize o Cristo às gargalhadas na minha parede. Precisei desse lembrete mais vezes do que consigo contar. Jesus ria. Ele se divertia. Ele sempre era convidado para as festas porque as pessoas queriam estar perto dele. Elas não temiam seu julgamento. Sabiam que ele não tentaria acabar com a festa.

Quem poderia ser mais apto a ser o espírito de uma festa do que aquele que veio para dar vida com alegria e abundância?

Capítulo 6

Graça e verdade

Combine a ganância de um executivo fraudulento com a presunção de um televangelista falso. Acrescente a audácia de um advogado que corre atrás de ambulâncias e a covardia de um atirador num carro em movimento. Tempere com uma pitada da moralidade de cafetão e complete tudo com o código de ética de um traficante. O que resulta disso tudo?

Um coletor de impostos do primeiro século.

De acordo com os judeus, esses sujeitos mal estavam acima do plâncton na cadeia alimentar. César permitiu que esses cidadãos judeus cobrassem impostos de quase tudo – barco, peixes pescados, casa, safra. Os coletores de impostos ganhavam uma bela grana dando a devida parte a Roma e embolsando o que restava.

Mateus era um coletor de impostos público. Coletores de impostos privados contratavam outras pessoas para fazer o trabalho sujo. Publicanos públicos como Mateus estacionavam sua limusine na zona pobre da cidade e abriam seu negócio. Um bandido com distintivo.

Seu primeiro nome era Levi, um nome sacerdotal (Marcos 2:14; Lucas 5:27-28). Será que seus pais queriam que ele entrasse no sacerdócio? Nesse caso, ele era uma decepção.

Pode apostar que todos o evitavam. Os vizinhos nunca o convidavam para o churrasco. De alguma forma, seu nome desaparecia da lista de convidados para os reencontros com a turma de formatura. As pessoas fugiam dele como fugiam da lepra. Todos mantinham distância de Mateus.

Todos, menos Jesus. "Passando por ali, Jesus viu um homem chamado Mateus, sentado na coletoria, e disse-lhe: 'Siga-me'. Mateus levantou-se e o seguiu" (Mateus 9:9). Mateus estava pronto para isso. Jesus nem precisou insistir. Em sucessão rápida, os amigos duvidosos de Mateus e os seguidores inexperientes de Jesus estavam trocando endereços de e-mail. "Então Levi ofereceu um grande banquete a Jesus em sua casa. Havia muita gente comendo com eles: publicanos e outras pessoas" (Lucas 5:29). Em sua opinião, o que ocasionou essa festa? Tentemos imaginar. Vejo Mateus voltando para seu escritório e pegando seus pertences. Ele remove o Prêmio Vigarista do Ano da parede e guarda seu certificado da Escola de Comércio Suspeito. Seus funcionários começam a fazer perguntas.

"E aí, Mateus? Vai viajar?"

"Ei, Mateus! A patroa te expulsou?"

Mateus não sabe o que dizer. Ele murmura algo sobre mudar de emprego. Mas, quando alcança a porta, ele para. Segurando sua caixa cheia de material de escritório, ele olha para trás. Seus colegas parecem estar abatidos, tristes, perplexos.

Ele sente um caroço na garganta. Ah, esses caras não valem muita coisa. Os pais alertam seus filhos contra esse tipo de gente. Língua descontrolada. Moralidade devassa. O número do agente de apostas está em sua discagem rápida. O leão de chácara no clube dos cavalheiros lhe manda cartões de aniversário. Mas amigo é amigo. O que ele pode fazer? Convidá-los para um encontro com Jesus? É, sei. Eles gostam de pregadores assim como ovelhas gostam de açougueiros. Pedir que assistam ao canal religioso na TV? Então eles achariam que ter cabelos tingidos do cores pastéis é uma condição para seguir Cristo. E se ele deixasse pequenos folhetos sobre a Torá em suas escrivaninhas? Não, eles não leem.

Então, sem saber o que fazer, ele levanta os ombros e acena para eles. "Maldita alergia", ele diz, esfregando seus olhos marejados.

Mais tarde, naquele mesmo dia, acontece a mesma coisa. Ele vai ao bar para quitar sua conta. A decoração é de alto padrão. Um lugar aveludado e fumacento com um lustre da Budweiser pendurado sobre a mesa de sinuca e um *jukebox* no canto. Não é exatamente o clube de campo, mas, para Mateus, é o seu lar a caminho de casa. Quando ele diz ao dono que está mudando de rumo, o *barman* responde: "Caramba, Mateus. O que está acontecendo?".

Mateus murmura alguma desculpa sobre uma transferência, mas se despede sentindo um vazio nas entranhas.

Mais tarde, ele se encontra com Jesus numa lanchonete e compartilha seu problema. "São meus colegas, sabe, os caras lá do escritório. E os companheiros no bar".

"O que há com eles?", Jesus pergunta.

"Bem, nós meio que andamos juntos, sabe? Vou sentir falta deles. O Josué, por exemplo, ele é escorregadio como uma lata de azeite, mas visita os órfãos aos domingos. E o Bruno da academia? Consegue te esmagar como uma barata, mas nunca tive um amigo melhor. Ele pagou minha fiança três vezes".

Jesus pede que continue. "Qual é o problema?"

"Bem, vou sentir falta deles. Quero dizer, não tenho nada contra Pedro, Tiago e João, Jesus... mas eles são domingo de manhã, e eu sou sábado à noite. Tenho meu próprio círculo de amigos, sabe?"

Jesus começa a sorrir e a balançar a cabeça. "Mateus, Mateus... Você acha que eu vim para colocar você em quarentena? Seguir a mim não significa esquecer seus amigos. Ao contrário. Quero conhecê-los."

"Está falando sério?"

"O sumo sacerdote é judeu?"

"Mas, Jesus... esses caras... metade deles está em liberdade condicional. Josué não tem usado meias desde seu bar mitzvah..."

"Não estou falando de um culto religioso, Mateus. Deixe-me perguntar: o que você gosta de fazer? Jogar boliche? Jogar damas? Golfe?"

Os olhos de Mateus começaram a brilhar: "Eu adoro cozinhar! As pessoas devoram meu filé como a baleia devorou Jonas".

"Perfeito". Jesus sorri. "Então faça uma pequena festa de despedida. Um churrasco para celebrar sua mudança de carreira. Reúna a turma."

De repente, Mateus está ocupado, correndo para lá e para cá. Chama a governanta e sua secretária, joga carvão na churrasqueira. "Avise todo mundo, Telma. Hoje à noite vai ter bebida e comida na minha casa. Convide os rapazes e diga que podem trazer um acompanhante."

E assim Jesus acaba indo para a casa de Mateus, uma mansão de dois andares com vista para o Mar da Galileia. BMWs, Harleys e limusines estacionam na frente da casa. E a multidão no interior da casa deixa claro que não se trata de uma conferência do clero.

Rapazes de brinco e garotas com tatuagens. Penteados com mais gel do que cabelo. Música que estremece a raiz dos dentes. E, no meio da multidão, Mateus, fazendo mais contatos do que um eletricista. Ele apresenta Pedro ao clube de pescaria dos coletores de impostos e Marta à equipe da cozinha. Simão, o zelote, encontra um colega do clube de debates do ensino médio. E Jesus? Está radiante. O que poderia ser melhor? Pecadores e santos na mesma sala e ninguém tentando identificar quem é o quê. Depois de mais ou menos uma hora a porta se abre e uma brisa gélida invade a festa. "Mas os fariseus e aqueles mestres da lei que eram da mesma facção queixaram-se aos discípulos de Jesus: 'Por que vocês comem e bebem com publicanos e pecadores?'" (Lucas 5:30).

Entram a polícia religiosa e sua piedade austera. Com grandes livros pretos na mão. Descontraídos como carcereiros siberianos. Com colarinhos clericais tão apertados, que as veias saltam do pescoço.

Mateus é o primeiro a sentir os efeitos da invasão. "E você se considera uma pessoa religiosa", um deles diz, levantando uma sobrancelha: "Veja só o povo com quem você se mistura".

Mateus não sabe se deve ficar com raiva ou dar o fora. Antes de poder tomar uma decisão, Jesus intervém, explicando que Mateus está exatamente onde precisa estar: "Não são os que têm saúde que precisam de médico, mas sim os doentes. Eu não vim chamar justos, mas pecadores ao arrependimento" (v. 31-32).

A declaração de Jesus estava carregada de ironia. Os fariseus se consideravam espiritualmente "saudáveis" e "justos". Na verdade, eram doentes e presunçosos. Mas, já que não se consideravam doentes, acreditavam que não precisavam de Jesus.

Mateus e a gangue, por sua vez, abriram espaço para Jesus. Como resultado, Jesus abriu espaço para eles.

E nós?

Uma das perguntas relacionais mais difíceis é: "O que fazemos com Levi?".

Seu Levi é a pessoa de quem você discorda fundamentalmente. Seus sistemas de valores são diferentes. Suas filosofias são diferentes. Vocês obedecem a códigos de conduta, roupas e fé diferentes.

Como Deus quer que reajamos aos Levis do mundo? Ignorá-los? Compartilhar uma refeição com eles? Sair da sala quando eles entram? Pedir que saiam para que nós possamos ficar? Discutir nossas diferenças? Ignorar nossas diferenças? Brigar?

Talvez a melhor resposta possa ser encontrada na sucinta admoestação: "Aceitem-se uns aos outros, da mesma forma como Cristo os aceitou, a fim de que vocês glorifiquem a Deus" (Romanos 15:7). Essa passagem resume um apelo de trinta versículos à igreja romana (Romanos 14:1-15:7). Paulo inicia e encerra o tratado com o mesmo verbo: *aceitar*.

Esse verbo, *paralambano*, significa mais do que "tolerar" ou "coexistir". Significa acolher em comunhão e no coração. Essa palavra envolve o calor e a bondade do amor genuíno.

Paulo usou esse verbo quando encorajou Filemon a acolher o escravo Onésimo da mesma forma como acolheria o próprio Paulo (Filemon 17). Lucas o escolheu para descrever a hospitalidade oferecida aos náufragos pelos malteses (Atos 28:2). E, sobretudo, Jesus o usou para descrever a maneira como ele nos recebe (João 14:3).

Como ele nos recebe? Eu sei como ele me tratou. Eu era um encrenqueiro de 22 anos em queda livre.

Embora eu tivesse assumido um compromisso com Cristo uma década antes, você não teria adivinhado isso com base no meu modo de vida. Eu tinha passado cinco anos alegando ser o filho de Deus nos domingos de manhã e fazendo amizade com o diabo nas noites de sábado. Eu era um hipócrita de duas caras egocêntrico.

Eu estava perdido. Perdido como Levi.

Quando finalmente me cansei de ficar sentado na sujeira, fiquei sabendo da graça de Deus. Eu fui até Jesus, e ele me acolheu mais uma vez. Por favor, observe: Jesus não aceitou meu comportamento. Ele não aprovou minhas brigas e as confusões que eu criava. Ele não gostava do meu descontrole e do meu preconceito. Minha tendência de me gabar, manipular e exagerar? A atitude chauvinista? Tudo isso tinha de acabar. Jesus não ignorou o Max egocêntrico que eu tinha criado. Ele não aceitou meu comportamento pecaminoso. Mas ele me aceitou, seu filho desviado. Ele aceitou o que poderia fazer comigo. Ele não me mandou me limpar e então voltar para ele. Ele disse: "Volte, e eu limparei você". Ele era "cheio de graça e de verdade" (João 1:14). Não só graça, mas verdade; não só verdade, mas graça.

Graça e verdade.

A graça disse à mulher adúltera: "Eu também não a condeno" (João 8:11).

A verdade lhe disse: "Agora vá e abandone sua vida de pecado" (v. 11).

A graça convidou um trapaceiro chamado Zaqueu para o almoço.

A verdade o impeliu a vender metade de seus bens e dar aos pobres (Lucas 19:1-8).

A graça lavou os pés dos discípulos.

A verdade lhes disse: "Façam como lhes fiz" (João 13:15).

A graça convidou Pedro a sair do barco e a caminhar sobre a água.

A verdade revelou sua falta de fé (Mateus 14:29-31).

A graça convidou a mulher junto ao poço a beber da água eterna.

A verdade a lembrou de que ela já tinha largado cinco maridos e estava morando com um namorado (João 4:18).

Jesus foi gracioso o bastante para se encontrar com Nicodemos no meio da noite.

Ele foi verdadeiro o bastante para lhe dizer: "Ninguém pode entrar no Reino de Deus, se não nascer da água e do Espírito" (João 3:5).

Jesus compartilhou a verdade, mas com graça.

Jesus ofereceu graça, mas de modo verdadeiro. Graça e verdade. A aceitação busca oferecer ambas as coisas.

Jesus encontrou uma maneira de aceitar os Mateus e os Max do mundo. Espero que ele fará o mesmo através de você e de mim.

Capítulo 7

Todo

"Porque Deus tanto amou o mundo que deu o seu Filho Unigênito, para que todo o que nele crer não pereça, mas tenha a vida eterna" (João 3:16).

Todo desdobra 3:16 como uma bandeira para as eras. *Todo* estende o tapete de boas-vindas do céu para a humanidade. *Todo* convida o mundo para vir até Deus.

Jesus facilmente poderia ter limitado o escopo, mudando *todo* para *qualquer.* "Qualquer judeu que crer" ou "Qualquer mulher que me seguir". Mas ele não usou nenhum qualificador. O pronome é maravilhosamente indefinido. Afinal de contas, quem não *é incluído em todo*?

A palavra destrói muros raciais e explode classe sociais. Ignora fronteiras de gênero e ultrapassa tradições antigas.

Todo deixa claro: Deus exporta sua graça para o mundo inteiro. Para aqueles que tentam limitá-la, Jesus tem uma palavra: *todo.*

> *Todo* aquele, pois, que me confessar diante dos homens, eu também o confessarei diante do meu Pai que está nos céus (Mateus 10:32).

> *Todo* aquele que acha a sua vida a perderá, e quem perde a sua vida por minha causa a encontrará (Mateus 10:39).
>
> *Todo* aquele que faz a vontade de Deus, este é meu irmão, minha irmã e minha mãe (Marcos 3:35).
>
> *Todo* aquele que crer e for batizado será salvo, mas quem não crer será condenado (Marcos 16:16).
>
> *Todo* aquele que crê no Filho tem a vida eterna; já quem rejeita o Filho não verá a vida, mas a ira de Deus permanece sobre ele (João 3:36).
>
> *Todo* aquele que beber da água que eu lhe der nunca mais terá sede (João 4:14).
>
> *Todo* o que o Pai me der virá a mim, e quem vier a mim eu jamais rejeitarei (João 6:37).
>
> *Todo* aquele que vive e crê em mim, não morrerá eternamente (João 11:26).
>
> *Todo* aquele que tiver sede, venha; e quem quiser, beba de graça da água da vida (Apocalipse 22:17; grifos meus neste e nos versículos anteriores).

Tito 2:11 nos garante que "a graça de Deus se manifestou salvadora a todos os homens". Paulo afirmou que Jesus Cristo "se entregou a si mesmo como resgate por todos" (1Timóteo 2:6). Pedro declarou que Deus não quer que "que ninguém pereça, mas que todos cheguem ao arrependimento" (2Pedro 3:9). O evangelho de Deus tem uma política que sempre vale para "todos".

Nós, humanos, não gostamos muito dessa política do "todos". Gostamos de hierarquias. Amamos pedestais. O garoto acima da garota ou a garota acima do garoto. O rico acima do carente. O educado acima daquele que largou a escola. O membro de longa data acima do recém-chegado. O judeu acima do gentio.

Um abismo intransponível se abria entre os judeus e gentios nos dias da Igreja Primitiva. Um judeu não podia beber leite ordenhado por gentios nem comer sua comida. Os judeus não podiam ajudar uma mãe gentia em uma hora de necessidade. Médicos judeus não podiam tratar pacientes não judeus.[1] Os judeus não queriam nenhum contato com os gentios. Eles eram impuros.

A não ser, é claro, que esse judeu fosse Jesus. Suspeitas de uma nova ordem começaram a surgir por causa de sua conversa curiosa com a mulher canaanita. A filha dela estava morrendo, e sua oração era urgente. Mas sua descendência era gentia. "Eu fui enviado apenas às ovelhas perdidas de Israel", Jesus lhe disse. "Sim, Senhor", ela respondeu, "mas até os cachorrinhos comem das migalhas que caem da mesa dos seus donos" (Mateus 15:24,27). Jesus curou a filha da mulher e deixou sua posição clara. Ele se preocupava mais em acolher todos do que em excluir determinadas pessoas.

Jesus sempre era convidado para uma festa, mas nós também sempre somos convidados para a festa dele. Desde a pessoa considerada a mais popular até a pessoa que tem como amigo... ninguém, porque as pessoas nem sabem que ela existe. Na verdade, essa segunda categoria é a especialidade de Jesus. Jesus era amigo dos marginalizados. Era amigo dos que não tinham amigos. Ele passava seu tempo com os não populares, com os sem-teto, os doentes. E com a mulher sobre a qual todos fofocavam. Quando Jesus a encontrou, ela estava na versão do primeiro século de uma espiral descendente. Cinco ex-maridos e meia dúzia de filhos, cada um com a cara de um pai diferente). Décadas de vida solta a deixaram tatuada e marcada. Agora ela vivia com um namorado que achava que casamento era uma perda de tempo.

Os fofoqueiros não paravam de falar sobre ela. Só assim podemos explicar que ela apareceu no poço ao meio-dia. Outras mulheres vinham encher seus baldes ao nascer do Sol, mas essa mulher preferia, suponho eu, o calor do meio-dia ao calor do desdém das outras mulheres. Se um Estranho não tivesse aparecido naquele dia, a história dela teria se perdido na areia samaritana. Mas ele entrou na vida dela com uma promessa de água infinita e de sede satisfeita. O passado dela não o assustava. Ao contrário. Ele ofereceu transformar o lixo dela em música, e ela aceitou sua oferta. Sabemos disso por causa daquilo que aconteceu em seguida.

> Muitos samaritanos daquela cidade creram nele por causa do seguinte testemunho dado pela mulher: "Ele me disse tudo o que tenho feito". Assim, quando se aproximaram dele, os samaritanos insistiram em que ficasse com eles, e ele ficou dois dias. E por causa da sua palavra, muitos outros creram. E disseram à mulher: "Agora cremos não somente por causa do que você disse, pois nós mesmos o ouvimos e sabemos que este é realmente o Salvador do mundo" (João 4:39-42).

A mulher às margens se tornou a mulher com a mensagem. Ninguém lhe dava mais uma chance. Jesus lhe deu a chance de uma vida. Ele veio para pessoas como ela.

Capítulo 8

O charlatão

Se você procura um charlatão no Novo Testamento, esse é o seu homem. Zaqueu nunca conheceu uma pessoa que não pudesse enganar nem nunca viu um dólar no qual não pudesse meter a mão. Ele era um "chefe dos publicanos" (Lucas 19:2). Os coletores de impostos do primeiro século depenavam tudo que andava. O governo romano permitia que eles ficassem com tudo que conseguissem tomar, depois de Roma receber a sua parte. Zaqueu tomava muito. Era "homem rico" (v. 2). Tinha um esportivo conversível. Tinha sapatos de couro de jacaré. Tinha um terno feito sob medida e unhas feitas. Era podre de rico. E culpado de rico? Ele não seria o primeiro impostor a sentir remorso. E não seria o primeiro a se perguntar se Jesus conseguiria ajudá-lo a se livrar desse sentimento. Talvez seja isso que o levou a trepar na árvore. Quando Jesus passou por Jericó, a metade da cidade apareceu para dar uma olhada nele. Zaqueu era um desses. Mas os cidadãos de Jericó não permitiriam que Zaqueu, o homem de baixa estatura e muitos inimigos, atravessasse a multidão até ficar na frente de Jesus. Ele ficou pulando para cima e para baixo por trás da parede de gente, esperando conseguir vislumbrá-lo.

Foi quando avistou um sicômoro. Ele estava feliz por poder se arriscar num galho para conseguir ver Cristo. Ele nunca imaginou que Cristo olharia para ele. Mas foi o que Jesus fez. "Zaqueu, desça depressa. Quero ficar em sua casa hoje" (v. 5). O ladrão do tamanho de um polegar olhou para um lado, depois para o outro, caso outro Zaqueu estivesse na árvore. Não tinha ninguém: Jesus estava falando com ele. Com ele! De todas as casas em Jericó, Jesus escolheu a de Zaqueu. Financiada com dinheiro ilegal e evitada pelos vizinhos – mas, naquele dia, ela foi agraciada pela presença de Jesus.

Zaqueu nunca mais foi o mesmo. "Olha, Senhor! Estou dando a metade dos meus bens aos pobres; e se de alguém extorqui alguma coisa, devolverei quatro vezes mais" (v. 8).

A graça entrou pela porta da frente e o egoísmo saiu correndo pela porta dos fundos. Ela mudou o coração dele.

A graça está mudando o seu coração também?

Se havia algo que Jesus queria que todos entendessem, era isto: uma pessoa vale algo simplesmente porque é uma pessoa. Foi por isso que ele tratou os marginalizados – samaritanos, adúlteras, coletores de impostos – da forma como tratou, até seu último suspiro.

Lembra do ladrão na cruz ao lado de Jesus?

Se havia uma pessoa sem qualquer valor, essa pessoa era esse ladrão. Se havia alguém que era um perdedor, esse colega estava no topo da lista. Talvez foi por isso que Jesus o escolheu para nos mostrar o que ele pensa sobre a raça humana.

Talvez esse criminoso tenha ouvido o Messias falar. Talvez tenha visto Jesus amar a escória da humanidade. Talvez tenha visto Jesus jantar com os inúteis, os batedores de carteiras e os bocas-sujas nas ruas. Ou talvez não tenha. Talvez a única coisa que sabia sobre esse messias era aquilo que estava vendo agora: um pregador espancado, açoitado, perfurado de pregos. Seu rosto vermelho de sangue. Seus ossos aparecendo por trás da carne rasgada. Seus pulmões lutando para respirar.

Mas algo lhe disse que nunca esteve em companhia melhor. E, de alguma forma, ele percebeu que, embora tudo que tivesse era oração, finalmente tinha encontrado aquele a quem deveria orar. "Alguma chance de você dizer alguma coisa em minha defesa?" (Tradução livre).

"Considere feito."

Por que Jesus fez isso? O que ele tinha a ganhar prometendo a esse bandido um lugar de honra à mesa do banquete? O que esse traidor trapaceiro poderia oferecer em troca? A mulher samaritana, isso consigo entender. Ela pôde voltar e espalhar a história. E Zaqueu tinha um dinheirão que poderia doar. Mas esse cara? O que ele faria? Nada!

E é justamente esse o ponto. Ouça com atenção. O amor de Jesus não depende daquilo que fazemos por ele. De forma alguma. Aos olhos do Rei, você tem valor simplesmente porque existe. Você não precisa ser bonito nem ter um desempenho bom. Seu valor é inato.

Ponto.

Reflita sobre isso por um minuto. Você é valioso simplesmente porque existe. Não por causa daquilo que faz ou fez, mas simplesmente porque existe. Lembre-se disso. Lembre-se disso da próxima vez em que for ignorado por causa da ambição desenfreada de outra pessoa. Lembre-se disso quando algum trapaceiro tentar colocar uma etiqueta de desconto em sua autoestima. Quando alguém tentar comprar você a preço de banana, lembre-se de como Jesus honra você... com um sorriso.

Eu sorrio. Eu sorrio porque eu sei que não mereço esse amor. Nenhum de nós merece. Se você pensar bem, qualquer contribuição que qualquer um de nós possa fazer é bem pequena. Todos nós – até mesmo os mais puros entre nós – merecemos o céu tanto quanto aquele ladrão. Todos nós estamos usando o cartão de crédito de Jesus, e não o nosso.

Fico sorrindo também quando imagino um ex-charlatão sorridente desfilando pelas ruas douradas, dizendo que sabe mais sobre graça do que mil teólogos. Mais ninguém teria lhe dado uma oração. Contudo, no fim, a oração era tudo que ele tinha. E, no fim, foi só isso que ele precisou ter.

PARTE 3

MESTRE

Alguns anos atrás, Denalyn e eu fizemos uma excursão para a Torre Eiffel em Paris. A torre foi construída entre 1887 e 1889 e serviu como arco de entrada para a *Exposition Universelle* em 1889, que marcou o centenário da Revolução Francesa. A torre deveria ficar de pé por apenas vinte anos, mas ela se tornou uma importante ferramenta de comunicação e permaneceu um elemento visual inconfundível de Paris (especialmente porque os prédios na cidade não podem passar de sete andares).

Durante a ocupação alemã de Paris na Segunda Guerra Mundial, os cabos dos elevadores foram cortados, obrigando os soldados alemães a subirem pelas escadas até o topo para içar a suástica. Dentro de horas após a libertação de Paris, os elevadores voltaram a funcionar.

É uma estrutura icônica fascinante, e Denalyn e eu nos juntamos à multidão para explorá-la. Alguns turistas usavam fones de ouvido que providenciavam uma excursão em seu próprio ritmo. Outros seguiam guias e ouviam explicações em pontos diferentes. Outros não tinham fones nem guias.

Equivocados, acreditavam que podiam responder a todas as suas perguntas por conta própria. Esse era eu. Logo me arrependi de não ter a ajuda de fones de ouvido ou de um guia. Eu tinha mais perguntas do que respostas. Quanto tempo levou para ser construída? Quem teve a ideia de construí-la? Por que neste local? Alguma vez a estrutura já tinha sido atingida por um relâmpago?

Denalyn não sabia. Eu não sabia. Mas os guias sabiam. E eu confesso: espionei. Fiquei vadiando à beira de um grupo e inclinei meu ouvido para captar uma informação ou outra. Descobri o tempo de construção. Descobri a altura da torre. O que não ouvi foi este convite: "Vocês gostariam de conhecer a pessoa que projetou a torre?", "Estariam interessados em um encontro com o arquiteto?" ou "O homem por trás dessa estrutura gostaria de lhes contar mais pessoalmente. Algum voluntário?".

Tais ofertas nunca foram feitas. Por quê? O arquiteto está morto, é claro. Ele não habita mais esta terra. Mas, mesmo se Gustave Eiffel ainda estivesse vivo, quais seriam as chances de ele querer me conhecer? De responder pessoalmente às minhas perguntas? De me entreter com suas explicações? Não, não podemos conhecer o construtor da Torre Eiffel. Mas podemos conhecer o projetista do Grand Canyon, do olho humano e da Via Láctea. O arquiteto da estrutura mais conhecida de Paris está morto, enterrado, indisponível. Mas aquele que escavou a Fossa das Marianas no fundo do Oceano Pacífico não está. O criador do monumento francês não fala mais, mas o criador do Monte Everest está vivo. E ele nos convida a conhecê-lo. Precisamos repetir isso. Deus quer que nós o conheçamos!

"Assim diz o Senhor: 'Não se glorie o sábio em sua sabedoria nem o forte em sua força nem o rico em sua riqueza, mas quem se gloriar, glorie-se nisto: em compreender-me e conhecer-me, pois eu sou o Senhor, e ajo com lealdade, com justiça e com retidão sobre a terra, pois é dessas coisas que me agrado', declara o Senhor" (Jeremias 9:23-24).

É impossível conhecer o sentido da vida sem conhecer o Criador da vida. E o Criador da vida está disposto a ser nosso mestre.

Jesus veio para ser nosso guia. Ele revela sabedoria e verdade. Podemos conhecer não só fatos sobre Deus, mas também o seu coração, sua alegria, sua paixão, seu plano e suas tristezas. Não estamos sozinhos em nossas buscas e perambulações. Temos um mestre. Seu nome é Jesus.

Capítulo 9

Ele se curvou para ela

As vozes a fizeram pular da cama.

"Levante-se, prostituta."

"Que tipo de mulher você acha que é?"

Os sacerdotes arrombaram a porta do quarto, arrancaram as cortinas e os lençóis. Antes de poder sentir o calor do sol da manhã, ela sentiu o calor do desdém.

"Que vergonha!"

"Patética!"

"Repugnante!"

Ela mal teve tempo para cobrir seu corpo antes de a arrastarem pelas ruas estreitas. Os cachorros latiram. As galinhas correram. Mulheres se debruçaram nas janelas. Mães tiraram as crianças do caminho. Os comerciantes olharam pela porta de suas lojas. Jerusalém se transformou num júri e pronunciou seu veredito de braços cruzados e olhares fixos. E, como se a invasão do quarto e a procissão de vergonha não tivessem bastado, os homens a empurraram para o meio de um grupo de estudo bíblico matinal.

Ao amanhecer ele apareceu novamente no templo, onde todo o povo se reuniu ao seu redor, e ele se assentou para ensiná-lo. Os mestres da lei e os fariseus trouxeram-lhe uma mulher surpreendida em adultério. Fizeram-na ficar em pé diante de todos e disseram a Jesus: "Mestre, esta mulher foi surpreendida em ato de adultério. Na Lei, Moisés nos ordena apedrejar tais mulheres. E o senhor, que diz?" (João 8:2-5).

Alunos perplexos de um lado. Acusadores devotos do outro. Eles tinham suas perguntas e convicções; ela tinha uma camisola rasgada e batom borrado. Pega no ato. No momento. Nos braços. Na paixão. Pega pelo Concílio de Conduta Moral de Jerusalém. "Na Lei, Moisés nos ordena apedrejar tais mulheres. E o senhor, que diz?" Não existia saída para a mulher. Negar as acusações? Ela tinha sido pega no ato. Implorar por misericórdia? De quem? De Deus? Seus porta-vozes estavam com pedras na mão e não paravam de rosnar. Ninguém a defenderia. Mas alguém se inclinaria por ela.

"Jesus inclinou-se e começou a escrever no chão com o dedo" (v. 6). Nós esperaríamos que ele se levantasse, desse um passo à frente ou até subisse numa cadeira para falar. Em vez disso, ele simplesmente se inclinou. Ele se inclinou e ficou abaixo de todos os outros – abaixo dos sacerdotes, das pessoas – até, talvez, abaixo da mulher. Os acusadores tinham se colocado acima dela e a olhavam do alto. Para ver Jesus, tinham de olhar ainda mais para baixo.

Ele tende a se inclinar. Ele se inclinou para lavar pés, para abraçar crianças. Ele se inclinou para tirar Pedro das ondas do mar, para orar no jardim. Ele se inclinou diante do pelourinho romano. Ele se inclinou para carregar a cruz. Graça é um Deus que se inclina. Aqui, ele se inclinou para escrever na areia.

Você se lembra da primeira vez em que seus dedos tocaram o pó? Ele juntou terra e formou Adão. Quando tocou o solo árido ao lado da mulher, Jesus pode ter se lembrado do momento da criação, da nossa origem. Humanos terrenos tendem a fazer coisas terrenas. Talvez Jesus tenha escrito no solo para seu próprio benefício.

Ou para o benefício dela? Para desviar os olhares da mulher seminua no centro do círculo?

O bando começou a perder a paciência com o Jesus inclinado e calado. "Visto que continuavam a interrogá-lo, ele se levantou" (v. 7). Ele se levantou até alcançar uma posição ereta, esticou os ombros e ergueu a cabeça. Ele ficou de pé, não para pregar, pois pouco tinha a dizer. Não demoraria, e ele se inclinaria novamente. Não para instruir seus seguidores; ele não pretendia se dirigir a eles. Ele se levantou em nome da mulher. Ele se colocou entre ela e o bando de linchadores e disse: "'Se algum de vocês estiver sem pecado, seja o primeiro a atirar pedra nela'. Inclinou-se novamente e continuou escrevendo no chão" (v. 7-8).

Os difamadores calaram a boca. Pedras caíram no chão. Jesus voltou a escrever. "Os que o ouviram foram saindo, um de cada vez, começando com os mais velhos. Jesus ficou só, com a mulher em pé diante dele" (v. 9).

Jesus não tinha terminado ainda. Ele se levantou uma última vez e perguntou à mulher: "Mulher, onde estão eles?" (v. 10).

Ai, ai. Que pergunta – não só para ela, mas também para nós. Vozes de condenação também nos tiram o sono.

"Você não é bom o bastante."

"Você jamais conseguirá melhorar."

"Você falhou – de novo."

As vozes no nosso mundo.

E as vozes na nossa cabeça! Quem é esse patrulheiro moral que emite uma multa toda vez que tropeçamos? Quem nos lembra de cada erro? Ele nunca se cala?

Não. Porque Satanás nunca se cala. O apóstolo João o chamou de "acusador":

> O grande dragão foi lançado fora. Ele é a antiga serpente chamada diabo ou Satanás, que engana o mundo todo. Ele e os seus anjos foram lançados à terra. Então ouvi uma forte voz do céu que dizia: "[...] foi lançado fora o acusador dos nossos irmãos, que os acusa diante do nosso Deus, dia e noite" (Apocalipse 12:9-10).

Hora após hora, dia após dia. Implacável, incansável. O acusador fez da acusação a sua profissão. Diferentemente da convicção do Espírito Santo, a condenação de Satanás não traz contrição nem determinação, só arrependimento. Ele tem um único objetivo: "furtar, matar e destruir" (João 10:10). Furtar sua paz, matar seus sonhos, destruir seu futuro. Delegou uma horda de demônios eloquentes como assistentes seus. Ele recruta pessoas para espalhar seu veneno. Amigos escavam seu passado. Pregadores proclamam toda culpa e nenhuma graça. E os pais... Ah, seus pais! Eles são donos de uma agência de viagens especializada em excursões de culpa. Eles a distribuem 24 horas por dia. Já adulto, você ainda ouve suas vozes: "Por que você não cresce?"; "Quando poderei ter orgulho de você?".

Condenação – o produto preferido de Satanás. Ele repetirá o cenário da mulher adúltera até você dizer "Chega!", te arrastando pelas ruas da cidade e jogando seu nome na lama. Ele joga você no meio de uma multidão e proclama seus pecados: "Essa pessoa foi pega num ato de imoralidade... estupidez... desonestidade... irresponsabilidade". Mas ele não terá a última palavra. Jesus agiu em sua defesa.

Ele se inclinou. Ele se inclinou a ponto de dormir numa manjedoura, de trabalhar numa carpintaria, de dormir num barco de pesca. Ele se inclinou a ponto de conviver com bandidos e leprosos. Ele se inclinou a ponto de ser cuspido, espancado, pregado e perfurado. Ele se inclinou. Ele se inclinou a ponto de ser sepultado. E então se levantou. Ele se levantou da imundície da morte. Ficou de pé no túmulo de José e na cara de Satanás. Ereto. Alto. Sim, e você é convidado para a festa, para a festa que perdurará por toda a eternidade. Ele se levantou pela mulher e calou seus acusadores, e ele faz o mesmo por você. Ele se levanta...

> Mulher, onde estão eles? Ninguém a condenou? "Ninguém, Senhor", disse ela.
>
> Declarou Jesus: "Eu também não a condeno. Agora vá e abandone sua vida de pecado" (João 8:10-11).

Dentro de instantes, o pátio se esvaziou. Jesus, a mulher, seus críticos – todos foram embora. Veja as pedras no chão, abandonadas e inutilizadas. E veja a escrita no chão. É o único sermão que Jesus escreveu em toda a sua vida. Embora não conheçamos as palavras, acho que diziam isto:

Graça acontece aqui.

Capítulo 10

Alguém com autoridade

"Ninguém conhece o Filho a não ser o Pai, e ninguém conhece o Pai a não ser o Filho e aqueles a quem o Filho o quiser revelar" (Mateus 11:27).

Jesus desfruta de intimidade com Deus, de uma mutualidade que existe apenas na Trindade.

Cônjuges conhecem um pouco disso. Sabem o que o outro vai dizer, preveem as ações do outro. Alguns até começam a se parecer um com o outro (uma possibilidade que preocupa profundamente a minha esposa). Denalyn e eu estamos nos aproximando de quatro décadas como cônjuges. Não conversamos mais; nós nos comunicamos em código. Ela entra na cozinha enquanto eu estou fazendo um sanduíche.

"Denalyn?", eu digo.

"Não, não estou com fome."

Abro a geladeira e fico olhando para ela por alguns momentos. "Denalyn?"

Ela olha para o meu sanduíche e responde: "A maionese está na prateleira de cima, as azeitonas estão na porta".

Ela sabe o que eu direi antes de eu abrir a boca. Consequentemente, ela pode falar em meu nome com a mais alta credibilidade. Quando ela diz: "O Max prefere uma cor diferente" ou "O Max aprovaria essa ideia", acredite. Ela sabe do que está falando. Ela se qualifica como minha representante melhor do que qualquer outra pessoa.

Quanto mais Jesus se qualifica como representante de Deus! Jesus, "que está junto do Pai, o tornou conhecido" (João 1:18). Quando Jesus diz: "Na casa de meu Pai há muitos aposentos" (João 14:2), você pode apostar nisso. Ele sabe. Ele andou pelos quartos. Quando ele diz: "Vocês valem mais do que muitos pardais" (Mateus 10:31), confie nele. Jesus sabe. Ele conhece o valor de cada criatura.

Quando Cristo declara: "O seu Pai sabe do que vocês precisam, antes mesmo de o pedirem" (Mateus 6:8), acredite. Afinal de contas, ele "estava com Deus no princípio" (João 1:2). Jesus reivindica ser não um teólogo de primeira, não um teólogo bem-sucedido, nem mesmo o Teólogo Supremo, mas o Único Teólogo. "Ninguém conhece o Pai a não ser o Filho". Ele não diz: "Ninguém conhece o Pai como o Filho" nem "ao modo do Filho", mas: "Ninguém conhece o Pai a não ser o Filho".

Só existe uma chave para a porta do céu, e quem a segura é Jesus. Imagine desta forma: você é um aluno do quinto ano estudando Astronomia. Quando lê sobre a primeira missão à Lua, você e seus colegas enchem a professora de perguntas sobre viagens espaciais.

"Qual é a consistência do pó na Lua?"

"É possível engolir quando não há gravidade?"

"E quanto a ir ao banheiro?"

A professora tenta responder às perguntas da melhor maneira possível, mas introduz a maioria de suas respostas com "Suponho que", "Acredito que" ou "Talvez".

Como ela saberia? A professora nunca esteve lá. Mas, no dia seguinte, ela traz um convidado que esteve. Buzz Aldrin entra na sala. Sim, o astronauta que deixou sua pegada na superfície da Lua.

"Agora façam suas perguntas", a professora diz. E Aldrin dá uma resposta clara e segura a cada uma delas. Ele conhece a Lua; ele caminhou nela. Nenhuma especulação nem hesitação. Ele fala com convicção.

Jesus fez o mesmo. "Ele ensinava como quem tem autoridade" (Mateus 7:29). Jesus conhece as medidas da sala do trono de Deus, o perfume de seu incenso, as músicas favoritas do coro incessante. Ele tem um conhecimento único, singular e sem igual de Deus e quer compartilhar esse conhecimento com você. "Ninguém conhece o Pai a não ser o Filho e aqueles a quem o Filho o quiser revelar" (Mateus 11:27).

Jesus não se gaba de seu conhecimento. Ele o compartilha. Ele não se exibe. Ele dá. Ele revela. Ele nos revela os segredos da eternidade. E ele os compartilha não só com a elite ou os de sangue puro, mas com os famintos e necessitados. Na próxima linha, Jesus convida: "Venham a mim, todos os que estão cansados e sobrecarregados, e eu lhes darei descanso. Tomem sobre vocês o meu jugo e aprendam de mim, pois sou manso e humilde de coração, e vocês encontrarão descanso para as suas almas" (v. 28-29). Faça um favor a si mesmo: encontre o marcador mais brilhante e a tinta mais escura já produzidos. Sublinhe e aceite este convite: "Aprendam de mim...".

Deus não é um Deus da confusão; quando ele vê uma pessoa que o busca com sinceridade, mas cujo coração está confuso, você pode apostar que ele fará tudo que for necessário para ajudá-la a reconhecer a vontade dele.

Uma das minhas tarefas como escoteiro foi construir uma pipa. Uma das minhas bênçãos como escoteiro foi ter um pai que sabia construir pipas. Ele construía muitas coisas: patinetes com patins, karts e até a nossa casa. Para ele, uma pipa era como um rabisco para Van Gogh. Ele conseguia fazê-las de olhos fechados.

Com cola, gravetos e papel de jornal, fabricamos uma obra-prima que dançava no céu: vermelha, branca e azul e na forma de uma caixa.

Lançamos nossa criação aproveitando um vento de março. Mas, após alguns minutos, minha pipa foi pega por uma corrente de ar vertical e mergulhou. Recolhi a linha, corri em marcha à ré e fiz tudo que podia para manter a pipa no ar. Mas era tarde demais. A pipa caiu. Imagine um garoto de 12 anos, de cabeça vermelha e coração partido olhando para sua pipa destruída. Esse era eu. Imagine um homem forte, de pele queimada e num macacão, colocando sua mão no ombro do garoto.

Esse era meu pai construtor de pipas. Ele olhou para o monte de gravetos e papel e disse: "Não tem problema. Podemos consertar isso". Eu acreditei nele. E por que não acreditaria? Ele falou com autoridade.

E Cristo faz o mesmo. A todos aqueles cuja vida se parece com uma pipa destruída, ele diz: "Podemos consertar isso. Aprenda comigo. Eu lhe ensinarei a lidar com dinheiro, segundas-feiras longas e sogros rabugentos. Eu lhe direi por que as pessoas brigam, por que a morte vem e por que o perdão conta. Mas, acima de tudo, eu lhe direi por que você está nesta terra".

Nós não precisamos aprender? Sabemos tanto, mas, ao mesmo tempo, sabemos tão pouco. A era da informação é a era da confusão. Existe muito conhecimento, mas pouco sabemos sobre o porquê. Precisamos de respostas. Jesus as oferece. Mas podemos confiar nele? Só existe um jeito de descobrir. Busque-o. Levante seus olhos e fixe-os em Jesus. Matricule-se em sua escola. "Aprenda comigo..." Faça dele a sua estrela polar, o seu ponto de referência. Vasculhe as ruas lotadas até encontrar o rosto dele, e então fixe seu olhar nele.

Capítulo 11

O caminho pelo deserto

O deserto. Solo ressecado. Pedras afiadas. Areia movediça. Um sol escaldante. Espinhos que ferem. A miragem de um oásis. Horizontes distantes sempre fora do seu alcance. Esse é o deserto.

O deserto da alma. Promessas ressecadas. Palavras afiadas. Compromissos movediços. Raiva escaldante. Rejeições que ferem. A miragem da esperança. Soluções distantes fora do seu alcance. Este é o deserto da alma.

Alguns de vocês conhecem o deserto. Todos vocês conhecem o deserto da alma. Mas Jesus conhecia ambos. Com a pele ainda molhada das águas do rio Jordão, ele abandonou a comida e os amigos e entrou no território das hienas, dos lagartos e dos abutres. Ele foi "levado pelo Espírito ao deserto, onde, durante quarenta dias, foi tentado pelo diabo. Não comeu nada durante esses dias e, ao fim deles, teve fome" (Lucas 4:1-2). O deserto não foi um tempo típico para Jesus. Ele deixou a normalidade no Jordão e a reencontraria na Galileia. O deserto era e é atípico. Parênteses escuros na história da vida. Uma estação feroz de encontros face a face com o diabo. Você não precisa viajar para Israel para experimentar o deserto. Um cemitério cumpre muito bem essa função. Um hospital também. O luto pode conduzi-lo ao deserto. Um divórcio, ou dívidas, ou depressão também.

Na Bíblia, o número "quarenta" é associado a longas batalhas. Noé enfrentou a chuva por quarenta dias. Moisés encarou o deserto por quarenta anos. Jesus enfrentou a tentação por quarenta noites. Por favor, observe: ele não enfrentou a tentação em um de quarenta dias. Jesus esteve no "deserto, onde, durante quarenta dias, foi tentado pelo diabo". A batalha não se limitou a três perguntas. Jesus passou um mês e dez dias lutando com Satanás.

O deserto é um longo inverno solitário. Médico após médico. Currículo após currículo. Fralda após fralda. Antidepressivo após antidepressivo. Coração partido após coração partido. O calendário está preso em fevereiro, você está nas montanhas cobertas de neve e nem se lembra do cheiro da primavera.

Mais um sintoma do território ermo: você pensa o impensável. Jesus fez isso. Possibilidades bárbaras lhe passaram pela mente. Juntar-se a Satanás? Ser um ditador em vez de um Salvador? Queimar a terra e começar do zero em Plutão? Não sabemos o que ele pensou. Só sabemos disto: Jesus foi tentado pelo diabo. As palavras de Satanás, mesmo que apenas por um momento, o fizeram parar. Ele não comeu o pão, mas parou tempo suficiente na frente da padaria para sentir o cheiro.

Cristo conhece o deserto. Melhor do que você possa imaginar. Afinal de contas, ir para lá foi ideia dele. Não culpe Satanás por esse episódio. Ele não foi para o deserto à procura de Jesus. Jesus foi para o deserto à procura dele. "Jesus foi levado pelo Espírito ao deserto, para ser *tentado* pelo diabo" (Mateus 4:1, grifo meu). O céu orquestrou esse encontro. Como explicamos isso? A palavra "revanche" significa algo para você? Pela segunda vez na história, uma mente não caída encararia o anjo caído. O Segundo Adão tinha vindo para ter sucesso no que o Primeiro Adão tinha falhado. Cristo desafiou o diabo a entrar no ringue. "Você tem assombrado meus filhos desde o início. Vamos ver o que você pode fazer comigo". E Satanás aceitou o desafio.

Durante quarenta dias, os dois ficaram cara a cara. O Filho do céu foi tentado, mas nunca vacilou; foi golpeado, mas nunca derrubado. Ele teve sucesso naquilo em que Adão falhou.

De acordo com Paulo, essa vitória foi uma vitória incrível para todos nós. "Consequentemente, assim como uma só transgressão resultou na condenação de todos os homens, assim também um só ato de justiça resultou na justificação que traz vida a todos os homens" (Romanos 5:18). Deus lhe dá o valor do deserto de Jesus. Acredite nisso. Se não acreditar, os dias no deserto nocautearão você. À direita é a luta. O golpe da esquerda é a vergonha de não prevalecer. Confie na obra de Deus. E confie na palavra de Deus. Não confie em suas próprias emoções. Não confie em suas próprias opiniões. Nem confie em seus amigos. Ouça apenas a voz de Deus. Novamente, Jesus é o nosso exemplo. Lembra como Satanás o atormentou? "Se você é o Filho de Deus..." (Mateus 4:3,6). Por que Satanás diria isso? Porque Satanás sabia que, em seu batismo, Cristo ouviu: "Este é o meu Filho amado, em quem me agrado" (Mateus 3:17). "Você é realmente o Filho de Deus?", Satanás perguntou. Então veio o desafio: "Prove! Prove fazendo algo":

"Mande que estas pedras se transformem em pães" (Mateus 4:3).

"Jogue-se daqui para baixo" (v. 6).

"Tudo isto lhe darei, se você se prostrar e me adorar" (v. 9).

Que sedução sutil! Satanás não denunciou Deus; ele simplesmente levantou dúvidas sobre Deus. Sua obra basta? Obras terrenas – como a transformação em pão ou o pulo do templo – recebem o mesmo valor de obras celestiais. E ele ainda tenta transferir, mesmo que de forma sutil, a nossa fonte de confiança da promessa de Deus para o nosso desempenho.

Jesus não mordeu a isca. Ele não pediu nenhum sinal celestial. Ele não solicitou um relâmpago; ele simplesmente citou a Bíblia. Três tentações, três declarações.

"Está escrito..." (v. 4).

"Também está escrito..." (v. 7).

"Está escrito..." (v. 10).

A arma preferida de Jesus era a Escritura. Se a Bíblia bastou para o deserto dele, ela não deveria bastar para o nosso? Não perca a mensagem aqui. Tudo que você e eu precisamos para a sobrevivência no deserto está no Livro. Só precisamos ouvi-lo.

Numa viagem para o Reino Unido, nossa família visitou um castelo. No centro do jardim havia um labirinto. Fileiras após fileiras de cerca viva alta que levavam a um beco sem saída após o outro. Navegar o labirinto com sucesso e descobrir uma porta para uma torre alta no centro do jardim. Se você contemplasse nossas fotos daquela viagem, veria quatro dos cinco membros da nossa família no topo da torre. Hum... Alguém ainda está no chão. Adivinhe quem? Eu estava preso entre as folhas. Simplesmente não fazia ideia de para onde ir. Mas então ouvi uma voz do alto. "Ei, papai!" Olhei para cima. Era a Sara, que olhava por uma abertura na torre. "Você está indo na direção errada", ela explicou. "Volte e vire para a direita."

Você acha que confiei nela? Ninguém teria me obrigado a confiar nela. Eu poderia ter confiado em meus instintos, pedido ajuda a outros turistas confusos ou feito bico me perguntando por que Deus permitiu que aquilo acontecesse comigo. Mas você sabe o que fiz? Eu ouvi. O ponto de vista dela era melhor do que o meu. Ela estava acima do labirinto. Ela conseguia ver o que eu não conseguia.

Você não acha que deveríamos fazer o mesmo com Deus? "Deus está nas alturas do céu" (Jó 22:12). "O Senhor está exaltado acima de todas as nações" (Salmos 113:4). Ele não consegue ver o que nós não conseguimos enxergar? Ele não quer nos libertar e levar para casa? Então faça o que Jesus fez. Confie nas Escrituras. Duvide de suas dúvidas antes que duvide de suas convicções. Jesus disse a Satanás: "Nem só de pão viverá o homem, mas de toda palavra que procede da boca de Deus" (Mateus 4:4).

O verbo "proceder" significa literalmente "transbordar". Seu tempo verbal sugere que Deus está constante e agressivamente comunicando-se com o mundo por meio de sua Palavra. Uau! Deus ainda está falando! Aguenta aí. Seu tempo no deserto passará. O de Jesus passou. "Então o diabo o deixou, e anjos vieram e o serviram" (v. 11).

Até os anjos virem a você:

Confie em sua Palavra. Você precisa de uma voz que lhe mostra a saída.

Confie em sua obra. Você precisa de um amigo que assuma o seu lugar.

Agradeça a Deus por ter alguém que faz isso.

Capítulo 12

"Eu sou a videira"

Permaneçam em mim, e eu permanecerei em vocês. Nenhum ramo pode dar fruto por si mesmo, se não permanecer na videira. Vocês também não podem dar fruto, se não permanecerem em mim. "Eu sou a videira; vocês são os ramos. Se alguém permanecer em mim e eu nele, esse dá muito fruto; pois sem mim vocês não podem fazer coisa alguma. Se alguém não permanecer em mim, será como o ramo que é jogado fora e seca. Tais ramos são apanhados, lançados ao fogo e queimados. Se vocês permanecerem em mim, e as minhas palavras permanecerem em vocês, pedirão o que quiserem, e lhes será concedido. Meu Pai é glorificado pelo fato de vocês darem muito fruto; e assim serão meus discípulos. "Como o Pai me amou, assim eu os amei; permaneçam no meu amor. Se vocês obedecerem aos meus mandamentos, permanecerão no meu amor, assim como tenho obedecido aos mandamentos de meu Pai e em seu amor permaneço (João 15:4-10).

A alegoria de Jesus é simples. Deus é como um vinicultor. Ele ama tirar o melhor de suas videiras. Ele vive pra isso. Ele cuida, poda, abençoa e corta. Seu objetivo é singular: "O que posso fazer para causar produção?". Deus é um jardineiro capaz que supervisiona a videira com cuidado.

E Jesus exerce o papel da videira. Nós, que não somos jardineiros, podemos confundir a videira com o ramo. Para ver a videira, olhe para baixo, para a base grossa que sai do solo. A videira é a raiz e o tronco da planta. Ela transporta nutrientes do solo para os ramos. Jesus faz a afirmação surpreendente: "Eu sou a raiz verdadeira da vida". Se algo bom vem para a nossa vida, ele é o condutor.

E quem somos nós? Nós somos os ramos. Nós produzimos o fruto: "amor, alegria, paz, paciência, amabilidade, bondade, fidelidade" (Gálatas 5:22). Nós meditamos sobre "tudo o que for verdadeiro, tudo o que for nobre, tudo o que for correto, tudo o que for puro, tudo o que for amável, tudo o que for de boa fama, [...] excelente ou digno de louvor" (Filipenses 4:8). Nossa ternura é evidente para todos. Nós nos regozijamos na "paz de Deus, que excede todo o entendimento" (Filipenses 4:7). Quando nos agarramos a Cristo, Deus é honrado: "Meu Pai é glorificado pelo fato de vocês darem muito fruto; e assim serão meus discípulos" (João 15:8).

O Pai cuida. Jesus nutre. Nós recebemos, e uvas aparecem.

Passantes, perplexos diante das cestas de amor, graça e paz transbordantes, perguntam: "Quem administra essa vinha?".

E Deus é honrado. Por essa razão, produzir frutos importa para Deus. E importa para você! Você se cansa de inquietude. Você está pronto para acabar com as noites de insônia. Você anseia pelo fruto do Espírito. Mas como você produz esse fruto? Se esforçando mais? Não, se agarrando mais. Nossa missão não é fertilidade, mas fidelidade. O segredo de produzir frutos e uma vida sem ansiedade pouco tem a ver com fazer e muito com permanecer. Para não ignorarmos essa lição, Jesus usou a palavra *permanecer* dez vezes em sete versículos:

> Permaneçam em mim, e eu permanecerei em vocês. Nenhum ramo pode dar fruto por si mesmo, se não permanecer na videira. Vocês também não podem dar fruto, se não permanecerem em mim. [...] Se alguém permanecer em mim e eu nele, esse dá muito fruto; [...]. Se alguém não permanecer em mim, será como o ramo que é jogado fora e seca. [...] Se vocês permanecerem em mim, e as minhas palavras permanecerem em vocês, pedirão o que quiserem, e lhes será concedido. [...] permaneçam no meu amor. Se vocês obedecerem aos meus mandamentos, permanecerão no meu amor, assim como tenho obedecido aos mandamentos de meu Pai e em seu amor permaneço (João 15:4-10).

"Venha, viva em mim!", Jesus convida. "Faça da minha casa a sua casa". Acredito que você saiba o que significa sentir-se em casa em algum lugar. Sentir-se em casa é sentir-se seguro. A residência é um lugar de refúgio e segurança.

Sentir-se em casa é sentir-se confortável. Você pode andar pela casa de chinelos e pijama.

Sentir-se em casa é sentir-se familiarizado. Quando passa pela porta, você não precisa de um plano para encontrar a cozinha.

Nosso objetivo – nosso único objetivo – é estar em casa em Cristo. Ele não é um hotel à beira da estrada. Ele é nosso endereço fixo. Cristo é nosso lar. Ele é nosso local de refúgio e segurança. Sentimo-nos confortáveis em sua presença, livres para sermos nosso eu autêntico. Não nos perdemos nele. Conhecemos seu coração e seus caminhos. Descansamos nele, encontramos nutrição nele. Seu teto de graça nos protege das tempestades de culpa. Suas paredes de providência nos mantêm seguros de ventos destrutivos. Sua lareira nos aquece durante os invernos solitários da vida. Nós ficamos na moradia de Cristo e nunca partimos. O ramo nunca se separa da videira. Nunca! Um ramo aparece aos domingos para sua refeição semanal? Somente se quiser morrer. O ramo saudável nunca solta a videira; fazer isso significaria interromper o fluxo de nutrientes essenciais.

Se existissem seminários para ramos, o tema seria: "O segredo de se agarrar à videira". Mas não existem seminários para ramos, porque, para participar deles, eles teriam que largar a videira – algo que se recusam a fazer. O dever predominante do ramo é agarrar-se à videira. O dever predominante do discípulo é o mesmo.

Nós cristãos tendemos a ignorar isso. Ficamos falando sobre votos de "mudar o mundo", "fazer uma diferença para Cristo", "trazer pessoas para o Senhor". Mas tudo isso são produtos secundários da vida focada em Cristo.

Nosso objetivo não é produzir fruto. Nosso objetivo é permanecer ligados. Talvez esta imagem ajude: quando um pai conduz seu filho de quatro anos por uma rua lotada, ele o pega pela mão e diz: "Segure-se em mim". Ele não diz: "Decore esse mapa", ou "Tente desviar do trânsito", ou "Vejamos se você consegue encontrar o caminho de volta". O bom pai dá ao filho uma única responsabilidade: "Segure minha mão".

Deus faz o mesmo conosco. Não se sobrecarregue com listas. Não aumente sua ansiedade com o medo de não cumpri-las. Seu objetivo não é conhecer cada detalhe do futuro. Seu objetivo é segurar a mão daquele que conhece cada detalhe e jamais, jamais soltá-la.

Essa foi a escolha de Kent Brantly. Brantly era um missionário médico na Libéria, que travava uma guerra contra o vírus mais cruel, o do ebola. A epidemia estava matando milhares de pessoas. Como o mundo inteiro, Brantly conhecia as consequências da doença. Ele tinha tratado dezenas de casos. Conhecia os sintomas: febre altíssima, diarreia severa e náusea. Ele tinha visto os resultados do vírus e, pela primeira vez, estava sentindo os sintomas pessoalmente. Seus colegas tinham extraído sangue e dado início aos exames. Mas os resultados só chegariam em três dias. Na noite da quarta-feira de 23 de julho de 2014, o dr. Brantly entrou em quarentena em sua casa e esperou. Sua esposa e família estavam do outro lado do oceano. Seus colegas não podiam entrar em sua residência. Ele estava literalmente a sós com seus pensamentos. Abriu sua Bíblia e meditou sobre uma passagem do livro de Hebreus. Então escreveu em seu diário: "A promessa de entrar em seu descanso eterno ainda está de pé, por isso jamais devemos desistir. Portanto, façamos todo esforço para entrar nesse descanso".[2] Dr. Brantly refletiu sobre a expressão "fazer todo esforço". Ele sabia que teria de fazer exatamente isso. Então voltou sua atenção para outro versículo do mesmo capítulo em Hebreus: "Assim sendo, aproximemo-nos do trono da graça com toda a confiança, a fim de recebermos misericórdia e encontrarmos graça que nos ajude no momento da necessidade".[3] Ele copiou a passagem para o seu diário de oração e grifou as palavras "com toda a confiança".[4] Fechou seu diário e começou a esperar. Os três dias seguintes trouxeram desconforto indescritível. Os resultados confirmaram o que todos temiam: ele tinha contraído ebola.

Amber, a esposa de Kent, estava em sua cidade natal de Abilene, no Texas, quando ele ligou para ela com o diagnóstico na tarde do domingo seguinte. Ela estava visitando os pais na companhia de seus dois filhos. Quando seu telefone tocou, ela correu para o quarto para ter alguma privacidade. Kent foi direto ao ponto: "Os resultados do exame voltaram. Deu positivo". Ela começou a chorar. Conversaram por alguns momentos, então Kent disse que estava cansado e que ligaria em breve.

Agora era a vez de Amber processar a notícia. Ela e seus pais ficaram sentados na beira da cama e choraram por alguns minutos. Depois de um tempo, Amber pediu licença e saiu. Ela atravessou um campo, foi até uma grande algaroba e se sentou num galho. Não conseguia encontrar as palavras certas para sua oração, então usou as letras de um hino que tinha aprendido em sua infância.

> Tu não apresentas sombra,
> Tu não mudas, Tua compaixão não falha.
> Como foste assim sempre serás.[5]

As palavras animaram seu espírito e ela começou a cantar em voz alta outra música que prezava:

> Preciso de Ti a cada hora, em alegria e em dor;
> Vem depressa e permanece, ou a vida é em vão.
> Eu preciso de Ti! Ah! Preciso de Ti.

Preciso de Ti a cada hora.
Abençoa-me agora, meu Salvador,
Busco a Tua presença.[6]

Mais tarde, ela escreveu: "Pensei que meu marido morreria. Eu estava em dor. Eu estava com medo. Mas, por meio daqueles hinos, consegui me conectar com Deus de modo significativo".[7]

Kent foi transportado da África para Atlanta. Seus cuidadores decidiram tentar um tratamento não testado e, aos poucos, sua condição melhorou. Dentro de poucos dias, suas forças começaram a voltar. Parecia que o mundo inteiro se regozijou quando ele conseguiu sair do hospital, curado do ebola.

Podemos aplaudir a vitória dos Brantly sobre outra doença, um vírus tão mortal e contagioso quanto o primeiro: o contágio invisível da ansiedade. Kent e Amber eram candidatos perfeitos para uma crise de pânico, mas eles reagiram com a mesma determinação que os capacitou a lutar contra o ebola. Eles permaneceram conectados com a videira. Resolveram permanecer em Cristo. Kent abriu sua Bíblia. Amber meditou sobre hinos. Eles encheram sua mente com a verdade de Deus.

Jesus nos ensinou a fazer o mesmo. Ele nos diz, de forma bem direta: "Não se preocupem com suas próprias vidas, quanto ao que comer ou beber; nem com seus próprios corpos, quanto ao que vestir" (Mateus 6:25). Então ele dá uma ordem: "Observem". Ele nos instrui a observar "as aves do céu" (Mateus 6:26). Quando fazemos isso, percebemos como elas parecem ser felizes. Não estão resmungando, não são mal-humoradas nem ranzinzas. Não parecem cansadas nem solitárias. Elas cantam e voam. Mas "não semeiam nem colhem nem armazenam em celeiros" (v. 26). Não dirigem tratores nem ceifam trigo. Jesus nos pergunta: elas parecem estar bem-cuidadas?

Em seguida, ele volta nossa atenção para as flores no campo: "Vejam como crescem os lírios do campo" (v. 28). Eles também não fazem nada. Embora sua vida seja curta, Deus os veste com roupas dignas de um evento de tapete vermelho. Nem Salomão, o rei mais rico da história, "vestiu-se como um deles" (v. 29).

Como desarmamos a ansiedade? Enchendo nossa mente com os pensamentos de Deus. Tire a conclusão lógica: se aves e flores estão sob o cuidado de Deus, ele não cuidará também de nós? Sature seu coração com a bondade de Deus.

"Mantenham o pensamento nas coisas do alto, e não nas coisas terrenas" (Colossenses 3:2).

Como você pode fazer isso?

Recentemente, uma amiga descreveu para mim seu trajeto de noventa minutos para o trabalho.

"Noventa minutos!", eu lamentei por ela.

"Não tenha pena de mim", ela sorriu. "Eu uso a viagem para refletir sobre Deus". Então ela descreveu como preenche essa uma hora e meia com adoração e sermões. Ela ouve livros inteiros da Bíblia. Ela recita orações. Quando chega ao local de trabalho, está preparada para o dia. "Eu transformo meu caminho em minha igreja."

Faça algo semelhante. Existe um tempo em seu dia que você pode reservar para Deus? Talvez você possa desligar o noticiário e abrir sua Bíblia. Acorde 15 minutos mais cedo. Em vez de assistir a um programa de comédia na TV para dormir, ouça o áudio de um livro cristão. "Se vocês permanecerem firmes na minha palavra, verdadeiramente serão meus discípulos. E conhecerão a verdade, e a verdade os libertará" (João 8:31-32). Livre de medo. Livre de pavor. E, sim, livre de ansiedade.

PARTE 4

MILAGREIRO

Você acredita em milagres? Acredita em interrupções sobrenaturais? Acredita em intervenções divinas? Você está aberto para a ideia de um Deus que, para os seus propósitos, às vezes suspende as leis naturais, emenda a constituição do cosmo, estica o arco da história e cria um evento inesperado e inexplicável?

Você acredita em milagres divinos? Não em magia. Não em truques mágicos. Não em abracadabra ou bruxaria. Você acredita em atos de bem sobrenatural ordenados, determinados e direcionados por Deus? Não em sorte. Não em fortuna. Não em dados manipulados ou em planetas alinhados a seu favor.

Estou perguntando sobre milagres: sobre eventos que abrem os olhos, fazem o queixo cair, desafiam a ciência, geram fé, tocam o coração e honram a Deus, e que nenhum professor, pregador, físico ou médico pode explicar.

Você acredita em milagres?

Nós queremos acreditar, não queremos? O paciente com câncer quer acreditar. O pai desempregado quer acreditar. A mãe do filho desaparecido quer acreditar. O fazendeiro com a ceifa ameaçada pela seca quer acreditar. O médico exausto na UTI quer acreditar.

Todos nós queremos acreditar. Em algum momento, em algum ponto baixo, esperamos para além de toda esperança por uma solução fora do alcance dos nossos recursos pessoais, ansiamos por um ser que é, ao mesmo tempo, ilimitado e benevolente. Por um Deus que não é governado pelas leis da natureza, que não é impedido pelo cansaço e que é ilimitado em seu afeto por nós.

Desejamos ser libertos da trilha rígida do previsível, explicável, palpável, mensurável e tangível. Ansiamos acreditar em milagres.

Mas hesitamos. Somos cuidadosos. Cautelosos. Charlatões e vendedores de poções milagrosas transitam nesse meio. E se formos enganados? E se a promessa de milagres for ouro de tolo no caminho da decepção?

Então pergunto novamente: e se a promessa de milagres é verdadeira? E se as histórias da Bíblia forem confiáveis? E se os autores dos evangelhos não estiverem brincando quando escrevem:

> Notícias sobre ele se espalharam por toda a Síria, e o povo lhe trouxe todos os que estavam padecendo vários males e tormentos: endemoninhados, epiléticos e paralíticos; e ele os curou (Mateus 4:24).
>
> Então ele se levantou e repreendeu os ventos e o mar, e fez-se completa bonança (Mateus 8:26).
>
> Jesus teve compaixão deles e tocou nos olhos deles. Imediatamente eles recuperaram a visão e o seguiram (Mateus 20:34).
>
> Viram Jesus aproximando-se do barco, andando sobre o mar (João 6:19).
>
> E todos os que nele tocavam eram curados (Marcos 6:56).

Versículo após versículo. História após história. Evento após evento. Milagres tão numerosos que, se cada ocasião fosse registrada, "nem mesmo no mundo inteiro haveria espaço suficiente para os livros que seriam escritos" (João 21:25). Os milagres de Jesus não aconteciam de vez em quando; eram constantes. Não eram uma nota às margens de sua história; faziam parte de sua essência. Não eram periféricos; eram atividades vitais sobre as quais a identidade de Jesus se erguia.

Na verdade, um dos argumentos mais convincentes em prol da veracidade de Cristo era a *incapacidade* de seus adversários de denunciar seus feitos milagrosos. Aqui está um exemplo. Poucos cinquenta dias após a ressurreição de Jesus, o apóstolo Pedro começou sua mensagem para um público de algumas mil pessoas no centro de Jerusalém, dizendo: "Israelitas, ouçam estas palavras: Jesus de Nazaré foi aprovado por Deus diante de vocês por meio de milagres, maravilhas e sinais, que Deus fez entre vocês por intermédio dele, como vocês mesmos sabem" (Atos 2:22). Imagino que o pescador transformado em pregador pausou depois dessa declaração, permitindo que suas palavras ecoassem entre as pedras de Jerusalém: "... como vocês mesmos sabem!... sabem!... sabem!". Ele pausou de propósito, esperando que uma pessoa, uma única voz manifestasse sua objeção? Ele convidou a oposição a reagir? "Calma aí. Nós *não* sabemos! Não vimos nada! Não testemunhamos nenhum milagre, nenhuma maravilha, nenhum sinal!" Mas não houve objeção. Não houve refutação. Não houve vozes que protestassem. Houve, em vez disso, cabeças que sinalizavam consentimento, um murmúrio afirmador na multidão. Muitas das pessoas não só haviam visto os milagres, como haviam sido abençoadas por eles.

Podemos supor que algumas das pessoas no público de Jerusalém estavam vendo Pedro com olhos que, no passado, haviam sido cegos? Que algumas se mantinham de pé, mas, no passado, haviam sido paralíticas? Que algumas levantavam mãos que, antes de Cristo, haviam sido afetadas pela lepra?

Nenhum adversário objetou à alegação de Pedro, pois nenhum adversário era capaz de fazer isso. A razão pela qual três mil pessoas responderam ao chamado de conversão de Pedro (Atos 2:38-41) não era seu sermão ser tão eloquente, mas o ministério de Jesus ser tão poderoso. Estudos de casos se espalhavam pela multidão.

Você estaria aberto para a ideia de um Cristo que opera milagres?

Um milagre é uma obra de Deus realizada por Deus para um propósito divino. Milagres são tapinhas que Deus dá nos nossos ombros, sussurros (ou alarmes) que nos lembram: *Você não está sozinho. Eu ainda estou no controle. Meu plano será alcançado.*

Milagres nos lembram de que esta vida abarca mais do que os olhos conseguem ver.

Milagres são "sinais [...] para que vocês creiam que Jesus é o Cristo, o Filho de Deus e, crendo, tenham vida em seu nome" (João 20:30-31).

Capítulo 13

Os ventos e as ondas obedecem a ele

Jesus e os discípulos estavam atravessando o Mar da Galileia num barco. De repente, surgiu uma tempestade, e o que era calmo se tornou violento. Ondas monstruosas surgiram do mar e sacudiram o barco. Marcos descreveu a situação claramente: "Levantou-se um forte vendaval, e as ondas se lançavam sobre o barco, de forma que este foi se enchendo de água" (Marcos 4:37). Imagine-se no barco. É uma embarcação sólida, mas não está à altura dessas ondas de quatro metros. O barco dança nas ondas e mergulha nessa parede de água. A força das ondas balança o barco perigosamente, até a proa apontar diretamente para o céu; quando você já teme que ele cairá para trás, a embarcação mergulha no vale de outra onda. Uma dúzia de mãos se junta à sua, agarrando-se ao mastro. Todos os seus colegas estão encharcados e de olhos arregalados. Você tenta ouvir uma voz que te acalme, mas tudo que ouve são gritos e orações. De repente, você se dá conta: alguém está faltando. Onde está Jesus? Ele não está se agarrando ao mastro. Não está se segurando no barco. Onde ele está? Então você ouve algo: um barulho... um som estranho... como se alguém estivesse roncando. Você se vira, olha e, lá, na popa do barco está Jesus dormindo! Você não sabe se fica maravilhado ou irritado. Como ele pode dormir nessa hora? Ou como perguntaram os discípulos: "Mestre, não te importas que morramos?" (Marcos 4:38).

Se você é pai de um adolescente, já ouviu perguntas semelhantes. Por exemplo, quando você se recusou a hipotecar sua casa para que sua filha pudesse comprar os tênis da vez, ela perguntou: "Você não se importa se eu parecer antiquada?". Quando insistiu que seu filho perdesse o jogo do fim de semana para participar do aniversário de 50 anos do casamento dos avós, ele perguntou: "Você não se importa com minha vida social?". Quando você limitou os brincos a um por orelha, a acusação mal se disfarçou como pergunta: "Você não se importa se eu não me encaixar?".

Os pais se importam? É claro que sim. Só que a perspectiva deles é diferente. O que o adolescente vê como tempestade, a mãe e o pai veem como uma chuva de primavera. Eles já viveram o bastante para saber que essas coisas passam.

Jesus também. A mesma tempestade que fez com que os discípulos entrassem em pânico deixou Jesus com sono. O que os deixou com medo o fez dormir. Para os seguidores, o barco era um caixão; para Cristo, um berço. Como ele pôde dormir na tempestade? Simples, ele a controlava.

O mesmo acontece com você e televisões. Você já caiu no sono na frente de uma TV? É claro que sim. Mas coloque essa mesma televisão na oca de um indígena na Amazônia, que nunca viu uma televisão e, acredite, ele não dormirá. Como alguém poderia dormir na presença de uma caixa que fala?! Aquelas pessoas pequenas por trás do vidro podem sair da caixa e vir atrás dele. Impossível dormir numa hora dessa! E ele também não permitirá que você durma. Se você dormir, ele te acorda: "Você não se importa com o fato de que estamos prestes a ser massacrados?". Em vez de discutir com ele, o que você faz? Aponta o controle remoto para o aparelho e o desliga.

Jesus nem precisou de um controle remoto. "Ele se levantou, repreendeu o vento e disse ao mar: 'Aquiete-se! Acalme-se!' O vento se aquietou, e fez-se completa bonança. Então perguntou aos seus discípulos: 'Por que vocês estão com tanto medo? Ainda não têm fé?'" (Marcos 4:39-40). Incrível. Ele não recitou nenhum mantra nem apontou uma varinha mágica. Não chamou os anjos; não precisou de ajuda. As águas agitadas se transformaram num mar calmo instantaneamente. Imediatamente. Nenhuma onda. Nenhuma gota. Nenhum vento. Dentro de um momento, uma torrente violenta se transformou em um lago idílico. A reação dos discípulos? Leia o versículo 41: "Eles estavam apavorados e perguntavam uns aos outros: 'Quem é este que até o vento e o mar lhe obedecem?'". Eles nunca tinham conhecido um homem como esse antes. As ondas eram seus súditos, e os ventos eram seus servos. E isso era apenas o começo daquilo que eles testemunhariam. Antes de tudo terminar, veriam peixes pularem para dentro do barco, demônios entrarem em porcos, coxos se transformarem em dançarinos e cadáveres voltarem à vida. "Todos ficaram tão admirados que perguntavam uns aos outros: 'O que é isto? Um novo ensino – e com autoridade! Até aos espíritos imundos ele dá ordens, e eles lhe obedecem!'"(Marcos 1:27).

É de admirar que os discípulos estavam dispostos a morrer por Jesus? Eles nunca tinham visto tamanho poder; nunca tinham visto tamanha glória. Era como se, bem... era como se o universo inteiro fosse seu reino. Você não precisava explicar este versículo para eles; eles sabiam o que significava: "Teu é o Reino, o poder e a glória para sempre" (Mateus 6:13).

Pedro experimentou no próprio corpo o poder milagroso de Cristo. Em outra tempestade, quando o barco dos seguidores corria perigo de afundar, Jesus veio andando sobre a água. A reação de Pedro foi: "Senhor", disse Pedro, "se és tu, manda-me ir ao teu encontro por sobre as águas". "Venha", respondeu ele. Então Pedro saiu do barco, andou sobre a água e foi na direção de Jesus (Mateus 14:28-29).

Pedro nunca teria feito esse pedido num mar calmo. Se Cristo tivesse andado sobre um lago liso como um espelho, Pedro poderia ter aplaudido, mas duvido que teria saído do barco. As tempestades nos encorajam a fazer jornadas sem precedentes. Por alguns passos históricos e alguns momentos de parar o coração, Pedro fez o impossível. Ele desafiou cada lei da gravidade e da natureza; "andou sobre a água e foi na direção de Jesus".

Meus editores não teriam aceitado tão poucas palavras. Teriam banhado as margens do manuscrito em tinta vermelha: "Elabore! Seja mais detalhado! Quão rapidamente Pedro saiu do barco? O que os outros discípulos estavam fazendo? Qual era a expressão em seu rosto? Ele pisou em algum peixe?".

Mateus não tinha tempo para esse tipo de pergunta. Ele nos leva rapidamente até a mensagem principal do evento: para onde devemos olhar numa tempestade. "Mas, quando reparou no vento, ficou com medo e, começando a afundar, gritou: 'Senhor, salva-me!'" (v. 30).

Uma parede de água tampou sua visão. Uma rajada de vento quebrou o mastro do barco. Um raio iluminou o lago e a cordilheira de água em que tinha se transformado. Pedro desviou sua atenção de Jesus e olhou para a tempestade; quando fez isso, ele afundou como uma pedra num poço. Dê mais atenção às águas da tempestade do que àquele que anda sobre as águas e se prepare para vivenciar o mesmo.

Não podemos escolher se uma tempestade virá ou não, mas podemos olhar para onde olhamos durante a tempestade. Encontrei um exemplo direto dessa verdade enquanto estava sentado no consultório do meu cardiologista. Meu pulso corria feito um carro da Fórmula 1 e o ritmo de uma mensagem em código Morse. Então procurei um especialista. Após analisar meus exames e fazer algumas perguntas, o médico pediu que eu esperasse por ele em seu consultório.

Quando garoto, eu não gostava de ser mandado para o escritório do diretor da escola. Não gosto de ser mandado para o consultório de um médico como paciente. Mas entrei, me sentei e logo vi os muitos diplomas do médico pendurados na parede. Estavam por toda parte. Um diploma era da universidade. Outro diploma era de um estágio. O terceiro diploma era de sua esposa. (Estou pausando para ver se você entendeu a piada...) Quanto mais olhava para suas conquistas, melhor me sentia. *Estou em boas mãos.* Quando me reclinei na cadeira para relaxar, sua assistente entrou com uma folha de papel. "O médico virá em breve", ela explicou. "Até lá, ele quer que você se familiarize com essas informações. São um resumo do estado do seu coração". Desviei meu olhar dos diplomas e o voltei para o resumo do meu distúrbio. Enquanto lia, ventos começaram a soprar. Palavras nada bem-vindas – *fibrilação atrial*, *arritmia*, *AVC* e *coágulo de sangue* – me fizeram afundar em meu próprio Mar da Galileia.

O que tinha acontecido com minha paz? Eu me sentia muito bem um momento atrás. Então mudei de estratégia. Eu confrontei o diagnóstico com os diplomas. Entre parágrafos de notícias ruins, eu olhava para a parede para me lembrar das notícias boas.

É isso que Deus quer que façamos. Seu chamado para ter coragem não é um chamado para ser ingênuo ou ignorante. Não devemos ignorar os desafios esmagadores que a vida traz. Mas devemos equilibrá-los olhando para as conquistas de Deus. "Por isso é preciso que prestemos maior atenção ao que temos ouvido, para que jamais nos desviemos" (Hebreus 2:1, grifo meu). Faça o que for preciso para fixar seu olhar em Jesus.

Quando uma amiga minha passou vários dias no hospital sentada ao lado do leito de seu marido, ela usou hinos para não desanimar. A cada minuto ou dois, ela entrava no banheiro e cantava alguns versos de "Great Is Thy Faithfulness" [Grande é tua lealdade]. Faça o mesmo! Decore passagens bíblicas. Leia biografias de vidas maravilhosas. Pondere sobre os testemunhos de cristãos fiéis. Tome a decisão consciente de depositar sua esperança em Jesus. Coragem é sempre uma possibilidade.

Alimente seus medos e sua fé morrerá de fome.

Alimente sua fé e seus medos morrerão de fome.

Após alguns minutos se rebatendo na água, Pedro voltou seu foco novamente para Cristo e gritou: "'Senhor, salva-me!'. Imediatamente Jesus estendeu a mão e o segurou. E disse: 'Homem de pequena fé, porque você duvidou?' Quando entraram no barco, o vento cessou" (Mateus 14:30-32).

Jesus poderia ter acalmado essa tempestade horas antes. Mas ele não a acalmou. Ele queria ensinar uma lição aos seus seguidores. Jesus poderia ter acalmado sua tempestade há muito tempo. Mas ele não a acalmou. Ele também quer que você aprenda uma lição? Essa lição poderia ser algo parecido com "Tempestades não são opcionais, mas o medo é"?

Deus pendurou seus diplomas no universo. Arco-íris, pôr do Sol, horizonte e um céu estrelado. Ele registrou suas conquistas nas Escrituras. Não estamos falando de 6 mil horas de voo. Seu currículo inclui: divisão do Mar Vermelho, fechamento de bocas de leões, derrubada de Golias, ressuscitação de Lázaro, caminhada sobre as águas. Sua lição é clara. Ele comanda cada tempestade. Você está com medo no meio da sua tempestade? Então olhe para ele.

Capítulo 14

A sua fé a curou

Não sabemos o nome dela, mas conhecemos sua situação. Seu mundo era escuro como a meia-noite. Muito escuro, do tipo de tatear e gritar por socorro. Leia estes três versículos e veja o que quero dizer:

> Uma grande multidão o seguia e o comprimia. E estava ali certa mulher que havia doze anos vinha sofrendo de uma hemorragia. Ela padecera muito sob o cuidado de vários médicos e gastara tudo o que tinha, mas, em vez de melhorar, piorava (Marcos 5:24-26).

Ela era um caniço quebrado: "havia doze anos vinha sofrendo de uma hemorragia", "padecera muito", "gastara tudo o que tinha", "piorava". Estava fisicamente exausta e socialmente excluída. Acordava diariamente num corpo que ninguém queria. Ela tinha chegado à sua última oração. E, no dia em que a encontramos, ela está prestes a fazê-la. Quando ela consegue chegar perto de Jesus, ele está cercado de gente. Ele está a caminho de ajudar a filha de Jairo, um dos homens mais importantes da comunidade. Quais são as probabilidades de ele interromper uma missão urgente com um oficial de alta patente para ajudar uma pessoa como ela? Mesmo assim, ela se arrisca.

"Se eu tão somente tocar em seu manto", ela pensa, "ficarei curada" (v. 28).

Decisão arriscada. Para tocá-lo, ela terá que tocar as pessoas. Se alguém a reconhecer... olá, bronca; adeus, cura. Mas qual é a escolha que ela tem? Ela não tem dinheiro, influência, amigos, soluções. Tudo que ela tem é essa ideia louca de que Jesus pode ajudá-la e a esperança de que ele o fará.

Talvez isso seja tudo que você tem: uma ideia louca e uma esperança. Você não tem nada para dar. Mas você está sofrendo. E tudo que tem a oferecer a ele é sua dor. Talvez isso tenha te impedido de vir até Deus. Você tomou um passo ou dois na direção dele. Mas então viu as outras pessoas em volta. Elas pareciam tão limpas, tão arrumadas, tão perfeitas em sua fé... Quando você as viu, elas bloquearam sua visão dele. Aí você recuou.

Se isso descreve sua situação, observe com cuidado que, naquele dia, uma única pessoa foi elogiada por ter fé. Não foi um doador rico. Não foi um seguidor leal. Foi uma mulher marginalizada envergonhada que se agarrou à sua ideia maluca de que ele poderia ajudar e à sua esperança de que ele realmente o faria – o que, falando nisso, não é uma definição ruim de fé: *uma convicção de que ele pode e uma esperança de que ele fará*. Isso se parece bastante com a definição de fé dada na Bíblia: "Sem fé é impossível agradar a Deus, pois quem dele se aproxima precisa crer que ele existe e que recompensa aqueles que o buscam" (Hebreus 11:6). Uma mulher rica jamais teria reconhecido o poder de um toque em seu manto. Mas essa mulher estava doente; quando o dilema dela se encontrou com a dedicação dele, um milagre ocorreu. A parte dela na cura foi muito pequena. Tudo que ela fez foi estender seu braço entre a multidão.

"Se eu tão somente tocá-lo."

O que importa não é a forma do esforço, mas o fato do esforço. O fato é que ela fez algo. Ela se recusou a aceitar a doença por mais um dia e resolveu agir.

A cura começa quando fazemos algo. A cura começa quando estendemos o braço. A cura começa quando damos um passo na fé. A ajuda de Deus está próxima e sempre disponível, mas ela só é dada àqueles que a buscam. A grande obra nessa história é a cura poderosa que ocorreu. Mas a grande verdade é que a cura começou com o toque dela. Com aquele gesto pequeno e corajoso, ela experimentou o poder e a ternura de Jesus. "Voltando-se, Jesus a viu e disse: 'Ânimo, filha, a sua fé a curou!', e desde aquele instante a mulher ficou curada" (Mateus 9:22). Se você tem pouca fé, mas precisa do poder curador de Cristo, talvez possa se apoiar na fé de um amigo. Esse é o tipo de fé que Jesus testemunhou quando viu um homem ser baixado pelo buraco no teto da casa em que Jesus estava ensinando (Marcos 2:1-12). Não sabemos se ele nasceu paralítico ou se tornou paralítico, mas o resultado era o mesmo: dependência total dos outros. Alguém precisava lavar seu rosto e limpar seu corpo. Ele não conseguia assoar o nariz nem fazer uma caminhada.

Quando as pessoas olhavam para ele, não viam um homem; viam um corpo que precisava de um milagre. Não era o que Jesus via, mas era o que as pessoas viam. E certamente era o que seus amigos viam. Por isso fizeram o que qualquer um de nós faria por um amigo. Tentaram conseguir ajuda para ele.

Então ouviram que o carpinteiro que tinha se tornado mestre e milagreiro estava na cidade. Quando seus amigos chegaram ao local, a casa já estava cheia. As pessoas bloqueavam a entrada. Crianças estavam sentadas nas janelas. Outros ficavam na ponta dos pés tentando enxergar por cima dos ombros alheios. Como esse pequeno grupo de amigos conseguiria chamar a atenção de Jesus? Tiveram que tomar uma decisão: entramos ou desistimos?

O que teria acontecido se os amigos tivessem desistido? O que teria acontecido se tivessem dado de ombros e murmurado algo sobre a multidão sendo grande demais e a comida estar esfriando em casa? E se tivessem dado meia-volta e voltado para casa? Afinal de contas, já tinham feito uma boa obra trazendo o amigo até aqui. Quem poderia culpá-los por desistirem? Existe um limite para aquilo que se pode fazer por um amigo. Mas esses amigos ainda não tinham chegado ao seu limite.

Um disse que tinha uma ideia. Os quatro se inclinaram sobre o paralítico e discutiram o plano de subir até o teto da casa, fazer um buraco no telhado e baixar o amigo amarrado aos seus cintos. Era arriscado – eles poderiam cair. Era perigoso – ele poderia cair. Não era nada ortodoxo – quebrar um teto era antissocial. Era intrusivo – Jesus estava ocupado. Mas era sua única chance de ver Jesus. Assim, subiram até o telhado.

A fé faz esse tipo de coisa. A fé faz o inesperado. E a fé chama a atenção de Deus. Veja o que Marcos diz: "Vendo a fé que eles tinham, Jesus disse ao paralítico: 'Filho, os seus pecados estão perdoados'" (Marcos 2:5).

Finalmente alguém apostou nas palavras de Jesus! Quatro homens tiveram esperança e amor por seu amigo e decidiram se arriscar. A maca no teto era um sinal do alto – alguém acreditava! Alguém estava disposto a arriscar ser envergonhado e se machucar em troca de alguns momentos com o galileu.

Jesus se comoveu com a cena de fé. O pedido dos amigos era válido – mas tímido. As expectativas da multidão eram altas – mas não altas o bastante. Esperavam que Jesus dissesse: "Você está curado". Em vez disso, ele disse: "Os seus pecados estão perdoados".

Esperavam que ele tratasse o corpo, pois era o que viam. Ele decidiu tratar não só o corpo, mas também o espírito, pois era o que ele via.

Queriam que Jesus desse ao homem um corpo novo para que ele pudesse andar. Jesus deu graça para que o homem pudesse viver. "Todos ficaram atônitos e glorificavam a Deus" (Lucas 5:26).

Duas imagens de fé que causaram milagres: uma mulher que estendeu o braço. Amigos que se aproximaram. Jesus respondeu em ambas as vezes. Ele fez o impossível por eles. Ele fará o mesmo por você.

Capítulo 15

A maravilha da adoração

Jesus saiu dali e foi para a beira do mar da Galileia. Depois subiu a um monte e se assentou. Uma grande multidão dirigiu-se a ele, levando-lhe os mancos, os aleijados, os cegos, os mudos e muitos outros, e os colocaram aos seus pés; e ele os curou. O povo ficou admirado quando viu os mudos falando, os aleijados curados, os mancos andando e os cegos vendo. E louvaram o Deus de Israel (Mateus 15:29-31).

Muitas vezes já desejei que os autores do Novo Testamento tivessem sido mais descritivos. Essa é uma dessas vezes. "E ele os curou" é uma expressão sucinta demais para descrever o que deve ter sido uma cena incrível.

Deixe sua imaginação voar. Você consegue enxergar a cena? Você consegue visualizar o marido cego vendo sua esposa pela primeira vez? Seus olhos olhando para os olhos dela cheios de lágrimas, como se ela fosse a rainha da manhã? Imagine o homem que nunca andou e que agora está andando! Você sabe que ele não queria nem sentar? Sabe que ele correu, e saltou, e dançou com as crianças?

Isso durou três dias. Pessoa após pessoa. Maca após maca. Muleta após muleta. Sorriso após sorriso. Não temos nenhum relato de que Jesus tenha pregado, ou instruído, ou ensinado, ou desafiado. Ele apenas curou. Então Mateus, ainda muito econômico em seu uso de palavras, nos deu outra expressão sucinta demais: "E louvaram o Deus de Israel".

Fico imaginando como fizeram isso. Tenho mais certeza daquilo que não fizeram do que daquilo que realmente fizeram. Tenho certeza de que não formaram um comitê de louvor. Tenho certeza de que não fizeram algum tipo de manto. Tenho certeza de que não sentaram em filas e ficaram olhando para a parte de trás das cabeças à sua frente. Duvido seriamente de que tenham escrito um credo sobre como deveriam louvar esse Jesus que nunca tinham adorado antes. Não consigo imaginá-los brigando por causa de alguma formalidade. Duvido de que acreditassem que seu louvor deveria ser entoado por trás de portas fechadas.

E sei que não esperaram até o sábado para fazê-lo. É muito provável que simplesmente louvaram. Cada um – de seu próprio jeito, com seu próprio coração – simplesmente louvou Jesus. Talvez algumas pessoas tenham ido até Jesus e se prostrado aos seus pés. Talvez alguém tenha gritado seu nome. Talvez alguns tenham subido a colina, olhado para o céu com um sorriso estampado em seu rosto.

Consigo imaginar uma mãe e um pai atônitos diante do Curador enquanto seguram seu bebê recém-curado. Consigo imaginar um leproso olhando maravilhado para quem tirou dele o seu terror. Consigo imaginar multidões empurrando e cotovelando querendo se aproximar. Não para pedir nem exigir nada, mas apenas para dizer "obrigado". Talvez alguns tenham tentado pagar Jesus, mas que pagamento teria sido suficiente? Talvez alguns tenham tentado retribuir o presente dele com outro presente, mas o que uma pessoa poderia dar para expressar gratidão?

Tudo que as pessoas puderam fazer foi exatamente o que Mateus disse que fizeram: "Louvaram o Deus de Israel".

Não importa como fizeram isso. Jesus ficou comovido, tão comovido, que insistiu em partilharem uma refeição antes de partirem. Sem usar a palavra "adoração", essa passagem em Mateus 15 a define.

Adoração é quando você está ciente de que aquilo que recebeu é muito maior do que aquilo que você pode dar. Adoração é a consciência de que, sem o toque dele, você ainda estaria mancando e sofrendo, ainda estaria amargurado e machucado. Adoração é a expressão no rosto ressecado do peregrino no deserto que descobre que o oásis não é uma miragem. Adoração é o "obrigado" que se recusa a se calar.

Temos tentado transformar a nossa adoração em uma ciência. Não podemos fazer isso. Não podemos fazer isso assim como não podemos "vender amor" ou "negociar paz". Adoração é um ato voluntário de gratidão oferecido ao Salvador pelos salvos – o tipo de gratidão expresso no coração do homem que nasceu cego.

João o apresenta com estas palavras: "Ao passar, Jesus viu um cego de nascença" (João 9:1). Esse homen nunca viu o Sol nascer. Ele não conhece a diferença entre rosa e roxo. Os discípulos culpam a árvore genealógica. "Mestre, quem pecou: este homem ou seus pais, para que ele nascesse cego?" (v. 2).

"Nem ele nem seus pais pecaram", responde o Deus-Homem. Essa condição remete ao céu. A razão pela qual esse homem nasceu sem visão? Para que "a obra de Deus se manifestasse na vida dele" (v. 3).

Que papel ingrato! Escolhido para sofrer. Alguns cantam para a glória de Deus. Outros ensinam para a glória de Deus. Quem quer ser cego para a glória de Deus? O que é mais difícil: ser cego ou descobrir que foi ideia de Deus?

A cura é tão surpreendente quanto a causa. "[Jesus] cuspiu no chão, misturou terra com saliva e aplicou-a aos olhos do homem" (v. 6, Nasb). O mundo transborda de pinturas de Jesus: nos braços de Maria, no Jardim de Getsêmani, na Sala Superior, no túmulo escuro. Jesus tocando. Jesus chorando, rindo, ensinando... Mas nunca vi uma pintura de Jesus cuspindo. Cristo apertando os lábios, juntando saliva na boca, arrumando tudo na ponta da língua e cuspindo. Na terra. (Crianças, quando sua mãe lhes disser que é feio cuspir, mostrem essa passagem para ela.) Então ele se agacha, mexe na terra molhada e forma uma bolinha de... de quê? Lama sagrada? Terapia de cuspe? Poção de saliva? Qualquer que seja o nome, ele coloca um pouco disso na palma de sua mão e, então, com a tranquilidade de um pintor preenchendo um buraco na parede, Jesus espalha a lama milagrosa nos olhos do homem cego. "Vá lavar-se no tanque de Siloé" (v. 7).

O mendigo tateia até o tanque, joga água em seu rosto lambuzado de lama e o esfrega até tirar a terra. O resultado é o primeiro capítulo de Gênesis só para ele. Houve luz onde havia escuridão. Olhos virgens ajustam o foco, figuras turvas se transformam em seres humanos, e João recebe o Prêmio Bíblico de Sucintez quando escreve: "O homem [...] voltou vendo".

Qual é, João?! Não conseguiu encontrar os verbos? Que tal: "o homem *correu* e voltou vendo"? "Ele voltou *dançando*"? "Ele voltou *saltando*, *gritando* e *beijando* tudo que – pela primeira vez na vida – conseguia ver?" O cara estava extático!

Adoraríamos nos despedir dele assim, mas, se a vida desse homem fosse uma fila na churrascaria, ele teria acabado de sair da fila da carne para o bufê de saladas. Veja a reação dos vizinhos: "Não é este o mesmo homem que costumava ficar sentado, mendigando?". Alguns afirmavam que era ele. Outros diziam: "Não, apenas se parece com ele". Mas ele próprio insistia: "Sou eu mesmo" (v. 8-9). Essa gente não celebra, ela debate! Essas pessoas viram esse homem tatear e tropeçar desde sua infância (v. 20). Você imaginaria que elas fossem celebrar. Mas elas não celebram. Os fariseus o chamam de "herege" e o expulsam da sinagoga.

"Jesus ouviu que o haviam expulsado, e [foi] encontrá-lo" (v. 35). Caso o nascimento no estábulo não bastasse, caso três décadas de andar na terra e operar milagres fossem insuficientes, caso houvesse qualquer dúvida referente à devoção total de Deus, ele faz coisas assim. Ele vai atrás de um mendigo atribulado.

O mendigo levanta os olhos a fim de olhar para o rosto daquele que iniciou tudo isso. Jesus tem mais uma pergunta para ele:

"'Você crê no Filho do Homem?' Perguntou o homem: 'Quem é ele, Senhor, para que eu nele creia?' Disse Jesus: 'Você já o tem visto.

É aquele que está falando com você.' Então o homem disse: 'Senhor, eu creio.' E o adorou." (v. 35-38).

João descreve o ato final desse homem que agora vê, e que é a única reação que você pode ter quando percebe que não está olhando para o rosto de um homem, mas para o rosto do próprio Deus: "o adorou" (v. 38).

Você não acha que ele se ajoelhou? Que ele chorou? E como ele poderia não colocar seus braços em volta daquele que lhe deu a visão? Ele o adorou.

E um dia, quando estivermos todos completamente curados e face a face com o nosso Salvador, faremos o mesmo. Nós o adoraremos.

PARTE 5

CORDEIRO DE DEUS

Uma pessoa não é responsável por seus pensamentos na mesa de cirurgia. A mesma regra se aplica a cadeiras em consultórios de dentistas e salas de parto.

Sempre que pessoas enfiam agulhas no braço, dedos na boca ou bisturis na pele, o paciente não é punido por imaginações bizarras.

Essa, pelo menos, é a justificativa que uso para me explicar. No que diz respeito a cirurgias, essa era simples. No que diz respeito a mim mesmo, porém, nenhuma cirurgia que envolva a palavra *câncer* é simples.

Visto que meu rosto apresenta focos de câncer, eu me vi na horizontal na mesa de um médico especializado em extraí-los.

Ele tem a voz sedosa de um radialista à meia-noite e gosta de me acalmar dizendo que meu câncer não é sério. Enquanto trabalha na minha têmpora, ele diz: "Quando se trata de câncer, você pegou o melhor tipo de todos". Peço perdão por não me regozijar. E peço perdão por meu pensamento cafona, mas, durante a segunda cirurgia, depois do quarto ou quinto lembrete de que eu tenho um câncer bom, aqui está o que eu pensei – não disse, mas pensei: *Por que, então, você não fica com meu câncer? Em vez de extraí-lo, fique com ele. Você fica com meu câncer, eu fico com seu bisturi.*

É claro que não disse isso. Até em meu estado induzido por drogas eu sabia que não devia dizer isso. Tais transações não são permitidas. Você não pode assumir minha doença. E eu não posso assumir a sua. Você pode me dar seu carro ou me passar sua gripe, mas seu câncer? Ele não é transferível.

Quando você tem câncer em seu corpo, precisa lidar com ele. Mas, quando você tem câncer em sua alma, Cristo o assumirá em seu lugar. Ele não o tirará de você. Não. Ele o assumirá em seu lugar. Os teólogos chamam esse ato de "expiação substitutiva". Um termo mais simples poderia ser "amor santo".

Se quiser entender o amor santo, vá até o Jardim de Getsêmani. Surpreso? Achou que iríamos até a cruz? Iremos. A cruz é onde vemos a substituição, mas o jardim é onde a sentimos.

> Então Jesus foi com seus discípulos para um lugar chamado Getsêmani e disse-lhes: "Sentem-se aqui enquanto vou ali orar". Levando consigo Pedro e os dois filhos de Zebedeu, começou a entristecer-se e a angustiar-se. Disse-lhes então: "A minha alma está profundamente triste, numa tristeza mortal. Fiquem aqui e vigiem comigo". Indo um pouco mais adiante, prostrou-se com o rosto em terra e orou: "Meu Pai, se for possível, afasta de mim este cálice; contudo, não seja como eu quero, mas sim como tu queres" (Mateus 26:36-39).

Nunca vimos Cristo assim. Nunca ouvimos esses gritos de sua voz ou vimos esse horror em seus olhos. E ele nunca nos disse antes: "Minha alma está esmagada de dor a ponto da morte". Como se explica tal emoção? O que Jesus estava temendo? Cristo temia o cálice do sofrimento. Cálice, em terminologia bíblica, é mais do que um utensílio para beber. Cálice significa a ira, o julgamento e a punição de Deus. Quando Deus se compadeceu da Jerusalém apóstata, ele disse: "Veja que eu tirei da sua mão o cálice que faz cambalear; [...] o cálice da minha ira" (Isaías 51:22). De acordo com João, aquele que rejeita Deus "também beberá do vinho do furor de Deus que foi derramado sem mistura no cálice da sua ira. Será ainda atormentado com enxofre ardente na presença dos santos anjos e do Cordeiro" (Apocalipse 14:10).

O *cálice* significa a ira de Deus, mais especificamente a sua ira provocada por nossa rebelião. Nós ignoramos sua Palavra, violamos seu padrão. Nós o rejeitamos. E ele está irado.

Muitos têm dificuldades com a ideia dessa ira. "Por que todo esse barulho por causa de alguns erros?" – alguns se perguntam. "Todos erram de vez em quando". Isto é, todos, com exceção de Deus. Ele é santo. Sua santidade não permite que ele faça vista grossa para a rebelião.

Quanto ao nosso pecado, ele sente o mesmo que sentimos em relação aos vândalos que violaram o prédio da nossa igreja. Alguns canalhas arrombaram nosso santuário. Não levaram nada. Não roubaram nada. Sua intenção não era roubar; sua intenção era difamar. Subindo os degraus até o batistério, escreveram profanidades na parede e urinaram nas toalhas. Minha reação foi igual à sua: nojo, raiva, incredulidade. Eles não têm reverência? O batistério é um lugar sagrado. O espaço é um espaço abençoado. Como alguém ousa usar o sagrado para vulgaridades?

Quantas vezes o céu fez a mesma pergunta sobre nós? Nosso corpo não é santo? Muito mais do que um batistério feito pelo homem, nós somos templos feitos por Deus. "Acaso não sabem que o corpo de vocês é santuário do Espírito Santo"? (1Coríntios 6:19). Nossa língua, nossas mãos, nosso cérebro são a morada e as ferramentas de Deus. Mas, quando usamos essa língua para magoar, essas mãos para ferir, esse cérebro para a nossa glória, e não para a glória de Deus, não estamos vandalizando o templo de Deus? O que você e eu sentimos em relação a vândalos é o que Deus sente em relação a nós. E – e isso é preocupante – o que aqueles vândalos merecem é o que nós merecemos: punição.

Minha reação foi: "Joguem-nos na prisão. Que paguem o preço". Jamais pensei em me fazer passar por eles, colocar-me na frente da igreja e dizer: "Eu sou o culpado. Punam-me pelas minhas ações". Esses pensamentos nunca passaram pela minha cabeça. Mas passaram pela cabeça de Deus. Deus não é só santo; ele também é amor. E o amor santo encontra uma maneira de punir o pecado e amar o canalha.

No Jardim de Getsêmani, Jesus decidiu fazer exatamente isso. Imagine-o de joelhos entre as árvores. Olhe bem para o rosto daquele que fixa seu olhar no céu. Perceba isto: ele está recebendo um cálice no qual está escrito o seu nome: o seu, leitor. Se Jesus o beber, Deus fará com ele o que deveria fazer com você. Se Cristo beber o cálice, ele será seu substituto. De acordo com versículo após versículo na Bíblia, Cristo está disposto a ser exatamente isso:

> Deus tornou pecado por nós aquele que não tinha pecado, para que nele nos tornássemos justiça de Deus (2Coríntios 5:21).

> Pois também Cristo sofreu pelos pecados uma vez por todas, o justo pelos injustos, para conduzir-nos a Deus (1Pedro 3:18).

A palavra grega *hyper* significa "no lugar de" ou "em prol de". Os autores do Novo Testamento recorreram repetidas vezes a essa preposição para descrever a obra de Cristo:

> Cristo morreu pelos [hyper] nossos pecados (1Coríntios 15:3).

> Cristo nos redimiu da maldição da lei quando se tornou maldição em nosso lugar [hyper] (Gálatas 3:13).

> Jesus Cristo [...] se entregou a si mesmo por [hyper] nossos pecados (Gálatas 1:3-4).

> "Eu sou o bom pastor. O bom pastor dá a sua vida pelas [hyper] ovelhas" (João 10:11).

> E: "Ninguém tem maior amor do que aquele que dá a sua vida pelos [hyper] seus amigos" (João 15:13).

Na Sala Superior, Jesus tomou o pão e explicou: "Isto é o meu corpo dado em favor [hyper] de vocês" (Lucas 22:19). E, tomando o copo, ele explicou: "Este cálice é a nova aliança no meu sangue, derramado em favor [hyper] de vocês" (Lucas 22:20). Perdoe-me por me sentir hiper em relação a *hyper*, mas você precisa entender o ponto. A cruz de Cristo é mais do que um presente; é uma substituição. Ao tomar o cálice, Cristo estava assumindo nosso lugar. Embora não tenha vandalizado, foi tratado como vândalo. Embora saudável, ele recebeu nosso câncer. No jardim, ele concordou com suportar a força total de um Deus que odeia o pecado.

Amor santo faz essas coisas. Se o céu fosse só santidade e não fosse amor, não teríamos nenhuma esperança, por causa do pecado. Se o céu fosse só amor e não santidade, o mundo seria caos por falta de bondade. Mas já que o céu é igualmente santidade e amor, o próprio Deus nos salva dele mesmo. Ele puniu o pecado e salvou o pecador ao punir a única alma sem pecado que viveu: Jesus Cristo. Agradeçamos a ele. Agradeçamos a ele com louvor. Agradeçamos a ele com nossos atos. Agradeçamos a ele com adoração e obras de apreço. Ele não era obrigado a tomar o cálice. Mas ele tomou. Já que ele tomou, você nunca terá de tomá-lo.

Capítulo 16

Deus salva

Eu tenho uma natureza pecaminosa. Você também. Sob as circunstâncias certas, você fará a coisa errada. Você não quer. Você tentará não fazer, mas você fará. Por quê? Porque você tem uma natureza pecaminosa.

Você nasceu com ela. Todos nós nascemos. Nossos pais não nos ensinaram a dar chilique; nascemos com essa habilidade. Ninguém nos ensinou a roubar um biscoito do nosso irmão; sabíamos como fazer isso. Nunca frequentamos um curso de fazer bico ou de jogar a culpa no outro, mas já sabíamos fazer essas coisas quando ainda usávamos fraldas. Cada um de nós entrou no mundo com uma natureza pecaminosa. Deus entrou no mundo para retirá-la. Mas o preço seria alto.

Analise com cuidado as palavras que o anjo disse a José.

> José, filho de Davi, não tema receber Maria como sua esposa, pois o que nela foi gerado procede do Espírito Santo. Ela dará à luz um filho, e você deverá dar-lhe o nome de Jesus, porque ele salvará o seu povo dos seus pecados (Mateus 1:20-21).

Podemos não ver a conexão entre o nome *Jesus* e a frase "salvará o seu povo dos seus pecados", mas José a viu. Ele estava familiarizado com a língua hebraica. O nome *Jesus* tem suas origens na palavra hebraica *Yeshua*. *Yeshua* é uma abreviação de *Yehoshuah*, que significa "Javé salva".

Quem era Jesus? *Deus* salva.

Jesus veio fazer o quê? Deus *salva*.

Deus salva, não Deus ressalta, se importa, ouve, ajuda, apoia ou aplaude. Deus salva. Mais especificamente, "ele salvará o seu povo dos seus pecados" (v. 21). Jesus veio nos salvar não só de política, inimigos, desafios ou dificuldades. Ele veio nos salvar de nós mesmos. A razão é esta: Deus tem grandes planos para você e para mim. Ele está recrutando um povo que povoará o céu. Deus restaurará seu planeta e seus filhos ao esplendor do seu jardim do Éden. Será perfeito. Perfeito em esplendor. Perfeito em justiça. Perfeito em harmonia.

Uma palavra descreve o céu: *perfeito*.

Uma palavra nos descreve: *imperfeitos*.

O reino de Deus é perfeito, mas seus filhos não são. O que, então, ele deve fazer? Abandonar-nos? Começar do zero? Ele poderia. Mas ele nos ama demais para fazer isso. Ele nos tolerará com nossa natureza pecaminosa? Povoar o céu com cidadãos rebeldes e egocêntricos? Se fizesse isso, o céu seria céu? Não seria. Mas Deus tinha um plano, uma história que vinha escrevendo desde o início. O personagem principal? Cristo. O clímax da ação? Ele teve seu início na Sala Superior.

> Jesus sabia que o Pai havia colocado todas as coisas debaixo do seu poder, e que viera de Deus e estava voltando para Deus; assim, levantou-se da mesa, tirou sua capa e colocou uma toalha em volta da cintura. Depois disso, derramou água numa bacia e começou a lavar os pés dos seus discípulos, enxugando-os com a toalha que estava em sua cintura (João 13:3-5).

Era a noite anterior à crucificação e a última refeição de Jesus com seus seguidores. João queria que soubéssemos o que Jesus sabia. Jesus sabia que ele tinha toda autoridade. Ele sabia que havia sido enviado do céu. Sabia que era destinado para o céu. Jesus não tinha dúvidas referentes à sua identidade e ao seu destino. Porque sabia quem ele era, pôde fazer o que fez. Jesus "levantou-se da mesa". Quando se levantou, os discípulos certamente se levantaram também. Talvez pensassem que Jesus estava prestes a lhes ensinar algo. Ele estava, mas não com palavras.

Então "tirou sua capa". Até a roupa mais simples de um rabino era pomposa demais para a tarefa à mão. Jesus pendurou sua capa num gancho e colocou uma toalha em volta da cintura. Então pegou um jarro d'água e encheu uma bacia. O único barulho vinha da água que enchia esse recipiente.

O barulho seguinte veio da bacia, quando Jesus a colocou no chão. Então veio o barulho de couro, quando ele abriu e removeu a primeira de duas dúzias de sandálias. Houve mais barulho de água quando Jesus colocou dois pés sujos na água. Ele massageou os dedos. Envolveu calcanhares ásperos com suas mãos. Secou os pés com sua toalha. Então se levantou, esvaziou a bacia de água suja, a encheu com água fresca e repetiu o processo com o seguinte par de pés. Lavar, massagear, secar.

De quanto tempo ele precisou para completar essa lavagem? Supondo que Jesus levou dois a três minutos por pé, esse ato teria levado quase uma hora. Lembre-se disto: Jesus estava passando seus últimos momentos com seus seguidores. Se seus três anos com eles fossem medidos por areia numa ampulheta, só faltavam cair alguns grãos. Jesus decidiu usá-los nesse sacramento silencioso de humildade.

Ninguém abriu a boca. Ninguém, exceto Pedro, que sempre tinha algo a dizer. Quando ele reclamou, Jesus insistiu, chegando até a dizer a Pedro: "Se eu não os lavar, você não terá parte comigo" (v. 8).

Pedro pediu uma lavagem.

Mais tarde naquela noite os discípulos se deram conta da grandeza desse gesto. Eles tinham jurado permanecer com seu Mestre, mas aqueles juramentos derreteram como cera no calor das tochas romanas. Quando os soldados apareceram, os discípulos fugiram. Eu os imagino correndo até caírem no chão esgotados e deixarem sua cabeça pender, olhando para baixo. Foi aí que viram os pés que Jesus tinha acabado de lavar. Foi aí que perceberam que ele lhes tinha dado graça antes mesmo de saberem que precisariam dela.

Jesus perdoou seus traidores antes mesmo de o traírem. Ele não excluiu um único seguidor, embora não o culpássemos se tivesse feito isso com Felipe. Quando Jesus instruiu os discípulos a alimentarem a multidão de 5 mil pessoas famintas, Felipe respondeu: "É impossível!" (cf. João 6:7). E o que Jesus faz com alguém que questiona suas ordens? Aparentemente, ele lava seus pés.

Tiago e João queriam posições de ministros no reino de Cristo. E o que Jesus faz quando pessoas usam seu reino para vantagens pessoais? Ele coloca uma bacia de água aos seus pés.

Pedro parou de confiar em Cristo na tempestade. Tentou convencer Cristo a não ir para a cruz. Dentro de poucas horas, Pedro amaldiçoaria o nome de Jesus e correria para se esconder. Na verdade, todos os 24 pés dos discípulos de Jesus fugiriam em breve, abandonando-o na face de seus acusadores. Alguma vez você já se perguntou o que Deus faz com pessoas que não cumprem suas promessas? Ele lava seus pés.

E Judas, o rato mentiroso, astuto e ganancioso que vendeu Jesus por um punhado de dinheiro? Jesus não lavaria seus pés, lavaria? Espero que não. Se ele lavasse os pés do Judas dele, você teria que lavar os pés do seu. Do seu traidor. Do seu vilão inútil que não presta para nada. O Judas de Jesus levou consigo trinta moedas de prata. O seu Judas levou sua segurança, seu cônjuge, seu emprego, sua infância, sua aposentadoria, seus investimentos.

Você espera que eu lave seus pés e o deixe escapar?

A maioria das pessoas não quer isso. Elas usam a foto do vilão para praticar tiro ao alvo. Seu vulcão irrompe de vez em quando, cuspindo ódio, poluindo e contaminando o mundo. A maioria das pessoas mantém uma panela de ódio em fogo baixo.

Mas você não é "a maioria das pessoas". Você experimentou a graça. Olhe para os seus pés. Estão molhados, encharcados de graça. Seus dedos e calcanhares sentiram o frescor da bacia da graça de Deus. Jesus lavou as partes mais sombrias da sua vida. Ele não ignorou você, levando a bacia até outra pessoa. Você não pode compartilhar sua graça com outros? "Pois bem, se eu, sendo Senhor e Mestre de vocês, lavei-lhes os pés, vocês também devem lavar os pés uns dos outros. Eu lhes dei o exemplo, para que vocês façam como lhes fiz" (João 13:14-15).

Se você acha que lavar os pés dos discípulos foi o ato supremo de servidão, aguenta aí. Foi só o começo. As horas que se seguiram contêm o exemplo mais notável de serviço, humildade e sacrifício que os seguidores de Jesus e todos que viveram desde então já viram. Era quase meia-noite quando saíram da Sala Superior e desceram pelas ruas da cidade. Passaram pelo Tanque Inferior, pelo Portão da Fonte e saíram de Jerusalém. À beira da estrada, vemos as fogueiras e barracas dos peregrinos que vieram celebrar a Páscoa. A maioria estava dormindo, digerindo a refeição noturna. Os que ainda estavam acordados não repararam o bando de homens que seguia pela estrada. O grupo atravessou o vale e escalou a trilha que o levaria até Getsêmani. A estrada era íngreme, e eles pararam para descansar. Em algum lugar dentro dos muros da cidade, o décimo segundo apóstolo descia uma rua às pressas. Seus pés tinham sido lavados pelo homem que ele trairia. Seu coração tinha sido reivindicado pelo maligno a quem tinha dado ouvidos. Corria para encontrar Caifás. O último encontro da batalha tinha começado.

Quando Jesus olhou para a cidade de Jerusalém, viu o que os discípulos não conseguiam enxergar. Era lá, às margens de Jerusalém, que a batalha terminaria. Ele viu a armação de Satanás. Viu a correria dos demônios. Viu o maligno se preparando para o último confronto. O Inimigo pairava como um fantasma sobre o momento. Satanás, o anfitrião do ódio, tinha conquistado o coração de Judas e sussurrado no ouvido de Caifás. Satanás, o mestre da morte, tinha aberto as cavernas e se preparava para receber a fonte da luz.

Os demônios corriam soltos.

A história registra isso como a batalha dos judeus contra Jesus. Não era. Era uma batalha de Deus contra Satanás.

E Jesus sabia. Sabia que, antes de a guerra terminar, ele seria preso. Sabia que, antes da vitória, viria a derrota. Sabia que, antes de se sentar novamente no trono, ele teria de beber o cálice. Sabia que, antes da luz do domingo, viria a escuridão da sexta-feira. E ele estava com medo...

Jamais tinha se sentido tão só. Só ele poderia fazer o que precisava ser feito. Nenhum anjo tem o poder de arrombar os portões do inferno. Um homem não poderia fazê-lo. Nenhum humano tem a pureza para destruir a cobrança do pecado. Nenhuma força na terra consegue enfrentar a força do mal e ganhar – somente Deus.

"O espírito está pronto, mas a carne é fraca", Jesus confessou (Marcos 14:38). Sua humanidade implorava para ser poupada daquilo que sua divindade conseguia ver. Jesus, o carpinteiro, implorava. Jesus, o homem, olhava para a escuridão e perguntava: "Não existe outro caminho?". Ele conhecia a resposta antes de fazer a pergunta? Seu coração humano esperava que seu Pai celestial encontraria outro caminho? Não sabemos. Mas sabemos que ele pediu para ser poupado. Sabemos que ele implorou por uma saída. Sabemos que houve um momento em que ele poderia ter dado de costas para a confusão toda e ido embora. Mas ele não fez isso.

Ele não fez isso porque viu você bem ali no meio de um mundo que não é justo. Ele te viu jogado num rio de vida que você nunca pediu. Ele te viu traído por aqueles que você ama. Ele viu você com um corpo que adoece e com um coração que desanima. Ele viu você em seu próprio jardim de árvores torcidas e amigos adormecidos. Ele viu você olhando para a escuridão de seus próprios fracassos e para a boca de seu próprio túmulo. Ele viu você em seu Jardim de Getsêmani – e não queria que você estivesse só.

Ele queria que você soubesse que ele também já esteve lá. Ele sabe como é quando tramam contra você. Ele sabe como é viver um dilema. Ele sabe como é sentir a aflição de dois desejos. Ele sabe como é sentir o fedor de Satanás. E, talvez acima de tudo, ele sabe como é implorar a Deus para que ele mude de opinião e ouvi-lo responder com ternura, mas com firmeza: "Não".

Pois foi isso o que Deus disse a Jesus. E Jesus aceitou a resposta. Em algum momento naquela hora da meia-noite, um anjo da misericórdia veio até o corpo exausto do homem no jardim. Quando ele se levantou, a angústia tinha desaparecido de seus olhos. Seu punho não estava mais cerrado. Seu coração não lutaria mais.

A batalha estava vencida. Você pode achar que ela foi vencida no Gólgota. Não foi. Você pode achar que o sinal da vitória foi o túmulo vazio. Não foi. A batalha final foi vencida no Getsêmani. E o sinal da conquista foi Jesus em paz entre as oliveiras. Foi no jardim que ele tomou a decisão. Ele preferia ir ao inferno a ir ao céu sem você.

Por volta das nove da manhã seguinte, Jesus cambaleou até o Calvário. Um soldado se ajoelhou em seu antebraço e martelou um prego em uma mão, depois na outra, depois nos dois pés. Quando os romanos levantaram a cruz, eles, sem se darem conta, colocaram Cristo na posição em que ele veio para morrer – entre a humanidade e Deus. Um sacerdote em seu próprio altar.

Barulhos se misturavam na colina: fariseus que zombavam, espadas batendo contra pernas e homens moribundos gemendo. Jesus mal abriu a boca. Quando dizia algo, diamantes cintilavam sobre um tecido de veludo. Ele deu graça aos seus assassinos e um filho para a sua mãe. Ele respondeu à oração de um ladrão e pediu algo para beber a um soldado.

Então, ao meio-dia, a escuridão caiu como uma cortina. "E houve trevas sobre toda a terra, do meio-dia às três horas da tarde" (Mateus 27:45). Era uma escuridão sobrenatural, não um acúmulo aleatório de nuvens ou um breve eclipse solar. Era uma escuridão total de três horas. Os comerciantes em Jerusalém acenderam velas. Soldados acenderam tochas. Pais procuraram seus filhos. Pessoas por toda parte perguntavam: "De onde vem essa noite ao meio-dia?". No Egito distante, o historiador Dionísio observou o céu escuro e escreveu: "Ou o Deus da natureza está sofrendo ou a máquina do mundo está caindo em ruína".[8]

É claro que o céu estava escuro; as pessoas estavam matando a Luz do Mundo.

O universo estava em luto, como Deus havia previsto. "Naquele dia [...] farei o Sol se pôr ao meio-dia e em plena luz do dia escurecerei a terra [...]. Farei daquele dia um dia de luto por um filho único, e o fim dele, como um dia de amargura" (Amós 8:9-10).

O céu chorou. E um cordeiro sangrou. Você se lembra da hora do grito? "Por volta das três horas da tarde, Jesus bradou em alta voz" (Mateus 27:46). Às três da tarde, na hora do sacrifício no templo. A menos de uma milha ao leste, um sacerdote levava um cordeiro ao abate, sem saber que seu trabalho era fútil. O céu não estava olhando para o cordeiro do homem, mas para "o Cordeiro de Deus, que tira o pecado do mundo" (João 1:29).

Capítulo 17

"Está consumado"

Abandono. Uma palavra que assombra.

Abandonado pela família.

Abandonado pelo cônjuge.

Abandonado pelo mundo corporativo.

Mas nada se compara a ser abandonado por Deus. "Jesus bradou em alta voz" (Mateus 27:46). Observe as palavras fortes aqui. Outros escritores usavam a palavra grega para "bradou em alta voz" visando descrever um "rugido".[9] Os soldados não levam a mão às orelhas pedindo que ele fale mais alto. O Cordeiro ruge. "O Sol e a Lua escurecerão [...]. O Senhor rugirá de Sião e de Jerusalém levantará a sua voz" (Joel 3:15-16). Cristo levanta a cabeça pesada e o olhar para os céus e gasta sua última energia gritando para as estrelas assustadas: "'Eloí, Eloí, lamá sabactâni?' que significa: 'Meu Deus! Meu Deus! Por que me abandonaste?'" (Mateus 27:46). Nós gostaríamos de perguntar o mesmo: por que ele? Por que abandonar seu Filho? Abandone os assassinos. Largue os malfeitores. Dê de costas para os pervertidos e promotores da dor. Abandone-os, mas não ele. Por que abandonarias a única alma sem pecado nesta terra?

Ah... essa é a palavra mais difícil. *Abandono*. A casa que ninguém quer. A criança que ninguém reclama para si. O pai de quem ninguém lembra. O Salvador que ninguém entende. Ele perfura a escuridão com a pergunta mais solitária do céu: “Meu Deus! Meu Deus! Por que me abandonaste?”. Espere um segundo. Davi não nos disse: “Nunca vi o justo desamparado” (Salmos 37:25)? Davi se confundiu? Jesus cometeu um erro? Não. Nessa hora, Jesus é tudo, menos justo. Mas os erros não são os dele. “Ele mesmo levou em seu corpo os nossos pecados sobre o madeiro, a fim de que morrêssemos para os pecados e vivêssemos para a justiça” (1Pedro 2:24).

Cristo levou em seu corpo todos os nossos pecados...

Imagine que seus pecados do passado fossem publicados. Imagine que você estivesse num palco enquanto um filme com cada segredo e cada segundo egoísta seus fosse projetado numa tela atrás de você? Você não iria tentar se esconder embaixo do tapete? Você não clamaria pela misericórdia do céu? E você não sentiria uma fração, apenas uma fração daquilo que Cristo sentiu na cruz? O gélido desgosto de um Deus que odeia o pecado?

Cristo levou em seu corpo todos os nossos pecados...

Você vê Cristo na cruz? É um fofoqueiro que está pendurado ali. Vê Jesus? Vigarista. Mentiroso. Hipócrita. Vê o carpinteiro crucificado? É um espancador de mulheres. Um viciado em pornô e assassino. Vê o garoto de Belém? Chame-o por todos os seus outros nomes – Adolf Hitler, Osama bin Laden e Jeffrey Dahmer.

Pode parar, Max. Não misture Cristo com esses malfeitores. Não mencione seu nome e os nomes deles na mesma oração!

Não fui eu. Foi *ele*. Na verdade, ele fez ainda mais. Além de colocar esses nomes na mesma oração, ele se colocou no lugar deles. E no seu lugar. Com as mãos pregadas à cruz, ele pediu a Deus: “Trata-me como os tratarias!”. E foi o que Deus fez. Num ato que partiu o coração do Pai, mas que honrou a santidade do céu, o julgamento se derramou sobre o Filho sem pecado das eras. Toda a história vinha se desdobrando para esse momento, com uma última frase. Pare e ouça. Você consegue imaginar o grito final da cruz? O céu está escuro. As duas outras vítimas estão gemendo. As bocas que zombavam se calaram. Talvez haja trovões. Talvez haja choro. Talvez haja silêncio. Então Jesus inspira profundamente uma última vez, apoia seus pés nos pregos romanos e grita: "Está consumado!" (João 19:30).

O que estava consumado?

Nossa incapacidade de terminar o que começamos se mostra nas menores coisas:

> Uma grama parcialmente cortada.
> Um livro lido pela metade.
> Cartas começadas, mas nunca completas.
> A construção interrompida de uma casa.

E ela se manifesta nas áreas mais dolorosas da vida:

> Uma criança abandonada.
> Um fé fria.
> Um homem que não consegue manter um emprego.
> Um casamento destruído.
> Um mundo não evangelizado.

Estou mexendo em algumas feridas dolorosas? Estou me dirigindo a alguém que esteja pensando em desistir? Se estiver, quero encorajá-lo a resistir. Quero encorajá-lo a se lembrar da determinação de Jesus na cruz.

Jesus não desistiu. Mas acredito que em cada minuto na cruz ele sentiu a tentação de desistir. Você vê como ele encolhe quando ouve a briga entre os apóstolos? Você vê como ele chora, sentado ao túmulo de Lázaro? Você ouve seus prantos agarrado ao solo de Getsêmani?

Ele quis desistir? Pode apostar que sim.

É por isso que suas palavras são tão maravilhosas.

"Está consumado."

O plano milenar de redimir a humanidade estava completo. A mensagem de Deus aos humanos estava consumada. As obras feitas por

Jesus como homem na terra estavam terminadas. A tarefa de escolher e treinar embaixadores estava encerrada. O trabalho estava feito. O cântico havia sido cantado. O sangue tinha sido derramado. O sacrifício estava feito. O ferrão da morte estava removido. Estava acabado. Um grito de derrota? Acho que não. Se suas mãos não tivessem sido presas, ouso dizer que ele teria levantado um punho triunfante para o céu escuro. Não, esse não era um grito de desespero. Era um grito de encerramento. Um grito de vitória. Um grito de cumprimento. Sim, um grito de alívio.

O lutador persistiu. Graças a Deus que persistiu. Graças a Deus que resistiu, porque você não pode lidar com seus próprios pecados. "Quem pode perdoar pecados, a não ser somente Deus?" (Marcos 2:7). Jesus é "o Cordeiro de Deus, que tira o pecado do mundo!" (João 1:29).

Como Deus tratou a sua dívida?

Ele a ignorou? Ele poderia ter feito isso. Ele poderia ter queimado a declaração de dívida. Ele poderia ter ignorado seus cheques sem fundo. Mas um Deus santo faria isso? Um Deus santo *poderia* fazer isso? Não. Ele não seria santo. Além disso, é assim que queremos que Deus administre seu mundo? Ignorando nosso pecado e encorajando a rebeldia?

Ele puniu você por seus pecados? Ele poderia ter feito isso. Ele poderia ter apagado seu nome do livro e eliminado você da face da terra. Mas um Deus amoroso faria isso? Um Deus amoroso poderia fazer isso? Ele ama você com um amor eterno. Nada pode separar você do seu amor.

Então, o que ele fez? "Deus em Cristo estava reconciliando consigo o mundo, não lançando em conta os pecados dos homens, e nos confiou a mensagem da reconciliação. [...] Deus tornou pecado por nós aquele que não tinha pecado, para que nele nos tornássemos justiça de Deus" (2Coríntios 5:19-21).

Algo remotamente semelhante aconteceu comigo num restaurante. O chefe dos garçons tentou impedir nossa entrada. Ele não se importava com o fato de estarmos em nossa lua de mel. Não importava para ele que a noite naquele *resort* chique era um presente de casamento.

Ele se importava menos ainda com o fato de que Denalyn e eu tínhamos pulado o almoço para deixar espaço para o jantar. Nada disso importava em comparação com o problema à mão.

Eu estava sem paletó.

Eu não sabia que precisava vestir um. Achei que uma camisa bastasse. Estava limpa e passada. Mas o senhor a rigor com sotaque francês não se impressionou. Ele levou todos os outros até suas respectivas mesas. O senhor e a senhora De Boas receberam uma mesa. O senhor e a senhora Mais Chiques Do Que Você receberam uma mesa. Mas o senhor e a senhora Sem Paletó?

Se tivesse tido outra opção, eu não teria implorado. Mas eu não tinha. Já era tarde. Outros restaurantes estavam fechados ou lotados e nós estávamos famintos. "Deve existir alguma coisa que você possa fazer", eu implorei. Ele olhou para mim, olhou para a Denalyn, soltou um longo suspiro e inflou as bochechas.

"Tudo bem, deixe-me ver o que posso fazer."

Ele desapareceu no vestiário e reapareceu com um paletó. "Vista isso."

As mangas eram curtas demais. O paletó apertava os ombros. E era da cor verde limão. Mas eu não me queixei. Eu tinha um paletó, e nós fomos levados até a nossa mesa. (Não conte para ninguém, mas eu o tirei quando a comida chegou.)

A despeito de todas as inconveniências naquela noite, acabamos recebendo um jantar maravilhoso e uma parábola ainda melhor. Eu precisava de um paletó, mas tudo que tinha era uma oração. O colega era gentil demais para nos mandar embora, mas leal demais para violar o padrão. Assim, a mesma pessoa que exigiu um paletó me deu um paletó, e recebemos uma mesa.

Não foi isso o que aconteceu na cruz? Lugares à mesa de Deus não são oferecidos aos desleixados. Mas quem dentre nós não é? Moralidade negligenciada. Descuidado com a verdade. Descuidado com as pessoas. Nossas roupas morais estão uma bagunça. Sim, o padrão para se sentar à mesa de Deus é alto, mas o amor de Deus por seus filhos é ainda mais alto.

Assim, ele nos oferece um presente. Não um paletó verde-limão, mas um manto. Um manto sem costura. Não uma peça tirada do vestiário, mas um manto vestido por seu Filho Jesus.

O caráter de Jesus era um tecido sem costura que se estendia do céu até a terra... dos pensamentos de Deus até as ações de Jesus. Das lágrimas de Deus até a compaixão de Jesus. Das palavras de Deus até a resposta de Jesus. Um tecido só. Uma única imagem do caráter de Jesus. Mas, quando Cristo foi pregado na cruz, ele tirou seu manto de perfeição sem costura e vestiu uma roupa diferente, a roupa da indignidade.

A indignidade da nudez. Despido diante de sua própria mãe e de seus amados. Envergonhado diante de sua família.

A indignidade do fracasso. Por algumas horas cheias de dor, os líderes religiosos foram os vencedores, e Cristo pareceu ser o perdedor. Envergonhado diante de seus acusadores.

E o pior de tudo, ele vestiu a *indignidade do pecado*. "Ele mesmo levou em seu corpo os nossos pecados sobre o madeiro, a fim de que morrêssemos para os pecados e vivêssemos para a justiça" (1Pedro 2:24). A roupa de Cristo na cruz? Pecado – o seu e o meu. Os pecados da humanidade.

Eu me lembro de meu pai me explicando a razão pela qual um grupo de homens à beira da estrada vestia roupas listradas. "São prisioneiros", ele disse. "Quebraram a lei e estão cumprindo pena". Quer saber o que ficou gravado em minha mente sobre aqueles homens? Eles nunca levantaram o olhar. Nunca fizeram contato visual. Estavam com vergonha? É provável que sim. O que sentiam à beira da estrada foi o que nosso Salvador sentiu na cruz – desgraça.

Cada aspecto da crucificação pretendia não só machucar a vítima, mas também envergonhá-la. A morte na cruz costumava ser reservada para os piores criminosos: assassinos, homicidas e coisa parecida. A pessoa condenada era obrigada a atravessar a cidade carregando a trave da cruz e uma placa em torno do pescoço proclamando seu crime. No local da execução, ela era despida e zombada. A crucificação era algo tão terrível, que Cícero escreveu: "Que o nome da cruz fique muito longe não só do corpo de um cidadão romano, mas também de seus pensamentos, olhos e ouvidos".[10] Jesus foi envergonhado não só diante do povo, mas também diante do céu. Já que ele tomou sobre si o pecado do assassino e adúltero, ele sentiu a vergonha do assassino e do adúltero. Embora nunca tenha mentido, ele suportou a desgraça de um mentiroso. Embora nunca tenha enganado ninguém, ele sentiu a vergonha de um vigarista. Já que tomou sobre si o pecado do mundo, ele sentiu a vergonha coletiva do mundo. Não surpreende que o autor de Hebreus tenha falado da "desonra que suportou" (Hebreus 13:13).

Enquanto esteve na cruz, Jesus sentiu a indignidade e desgraça de um criminoso. Não, ele não era culpado. Não, ele não tinha cometido nenhum pecado. E não, ele não merecia ser condenado. Mas você e eu éramos, nós tínhamos e nós merecíamos. Nós estávamos na mesma posição em que eu estava em relação ao chefe dos garçons – não tendo nada a oferecer senão uma oração. Mas Jesus vai além do chefe dos garçons. Você consegue imaginar o dono do restaurante retirando seu *smoking* e o oferecendo a mim? É o que Jesus faz. E não estamos falando de um paletó sobressalente de tamanho errado.

Ele oferece um manto de pureza sem costura e veste meu manto remendado de orgulho, ganância e egoísmo. "Cristo se tornou maldição por nós" (Gálatas 3:13). Ele vestiu nosso pecado para que nós pudéssemos vestir sua justiça. Embora venhamos até a cruz vestidos em pecado, deixamos a cruz vestidos num "zelo como uma capa" (Isaías 59:17) e cingidos com um cinto de "retidão e fidelidade" (Isaías 11:5), em "vestes da salvação" (Isaías 61:10). Na verdade, fomos revestidos de Cristo. "Todos vocês de Cristo se revestiram" (Gálatas 3:27).

Ele não se contentou em preparar um banquete para você.

Ele não se contentou em reservar um lugar para você.

Ele não se contentou em pagar o preço e em fornecer o transporte até o banquete.

Ele fez mais. Ele permitiu que você vestisse suas próprias roupas para que estivesse vestido apropriadamente.

"Por meio de um único sacrifício, [Jesus] aperfeiçoou para sempre os que estão sendo santificados" (Hebreus 10:14). Agora, nenhum sacrifício precisa mais ser feito. Nenhum depósito é necessário. O pagamento foi tão completo, que Jesus usou um termo bancário para proclamar sua salvação. “Está consumado!” (João 19:30). *Tetelestai* (está consumado) era um termo financeiro usado para anunciar o pagamento da última parcela.

Agora, se a tarefa está terminada, algo mais é exigido de você? É claro que não. Se a conta estiver cheia, que mais você poderia acrescentar?

PARTE 6

O REI QUE RETORNA

O voo mais luxuoso do mundo é oferecido pela Etihad Airways, a companhia aérea nacional dos Emirados Árabes Unidos. Ela leva você da cidade de Nova York até Mumbai em sua própria "cobertura no céu". Vem com um chef, um mordomo, uma cama de casal com lençóis de linho italiano. Você tem sua própria sala particular e relaxa num sofá de couro enquanto assiste a filmes em sua televisão com uma tela plana de 32 polegadas. As refeições são preparadas de acordo com seus desejos e servidas em abundância. Antes do pouso, você pode tomar um banho em seu banheiro particular e fazer reservas para o jantar através de seu concierge pessoal.[11]

Eu adoraria vivenciar esse voo. Não quero pagar os 38 mil dólares para a passagem só de ida, mas, se alguém me oferecesse a oportunidade de graça, eu aceitaria. E eu faria uma única exigência: o voo precisa ter um fim. Não me importa quão maravilhoso, opulento, luxuoso e magnífico seja, quero que o voo termine.

Desfruto da viagem quanto qualquer um. Só não quero que a viagem dure para sempre. Você também não quer. A nossa natureza busca um destino. Somos pombos humanos que sempre voltam para casa. Algo dentro de nós anseia pelo pouso no destino.

Talvez seja por isso que gostamos de imaginar Jesus como nosso Rei que retorna. Ele nos oferece este encorajamento:

> Não se perturbe o coração de vocês. Creiam em Deus; creiam também em mim. Na casa de meu Pai há muitos aposentos; se não fosse assim, eu lhes teria dito. Vou preparar-lhes lugar. E se eu for

> e lhes preparar lugar, voltarei e os levarei para mim, para que vocês estejam onde eu estiver (João 14:1-3).

Sublinhe essa promessa e a destaque com um marcador amarelo: "Voltarei". Cristo garante sua segunda vinda. Esse segundo retorno será para sempre. Ele nos encoraja a nos preparar e a ponderar sobre o mundo que nos espera. "Mantenham o pensamento nas coisas do alto" (Colossenses 3:2). Esse verbo tem sua origem no verbo *phroneo*, que significa "saborear" ou "refletir sobre", levando uma tradução a dizer: "Mantenham seu afeto nas coisas do alto". Eu obedeci a essa passagem de modo terreno. Meses antes de nos mudarmos para San Antonio em 1988, eu sabia como seria a nossa casa. Era uma casa de tijolos com uma porta marrom-escura num tranquilo beco sem saída.

Antes de nos mudarmos do Rio de Janeiro para os Estados Unidos, alguns amigos nos enviaram uma foto da casa. Estava à venda. E bastou uma olhada para me conquistar. Eu pendurei a foto na nossa cozinha brasileira e a contemplava várias vezes ao dia. Estudei seu exterior e considerei seu interior. Mostrei a foto para as meninas e a examinei com minha esposa. Quando nos mudamos para San Antonio, eu poderia ter reconhecido a nossa casa dentre dezenas de outras. Eu estava familiarizado com minha casa antes mesmo de conhecê-la.

Cristo quer que façamos o mesmo. Ele mudou nossa residência permanente. "Busquem as coisas sobre as quais Cristo preside", como diz uma tradução. Essa mesma tradução declara em um versículo: "fique obcecado com a vida que está por vir!".

O céu é a salada verde na dieta espiritual. A alma precisa vislumbrar nosso lar eterno a cada hora. Você precisa saber que Cristo está vindo para buscar você. Você precisa saber como será seu corpo eterno. Você precisa imaginar a Nova Jerusalém e o rosto de Deus. Você precisa ser dominado pelas coisas do alto.

Não é fácil fazer isso. Foco no céu exige diligência. Esta vida está cheia de distrações e desvios. Mas não dê ouvidos a eles. Ouça seu coração.

Em *A viagem do Peregrino da Alvorada*, de C.S. Lewis, Ripchip, o rato corajoso, resolve descobrir o país de Aslan. "Enquanto puder", ele declara, "velejarei para o Leste no *Peregrino da Alvorada*. Quando ele me abandonar, remarei para o Leste em meu coracle.[12] Quando ele afundar, nadarei para o Leste com minhas quatro patas. Quando não puder mais nadar, se eu não tiver alcançado a terra de Aslan ou caído no abismo à beira do mundo em alguma catarata vasta, eu cairei com meu nariz no nascer do Sol".[*]

Que Deus incite uma fome idêntica em nós. Que busquemos aquelas coisas que estão no alto, que mantenhamos nosso pensamento nas coisas do alto. Que possamos velejar, remar, nadar e, se necessário, morrer com nosso nariz voltado para o nascer do Sol, saboreando o dia em que finalmente estaremos em casa.

* Um pequeno barco redondo feito de vime, coberto com um material impermeável, impulsionado por um remo. [N. T.]

Capítulo 18

A ressurreição e a vida

Você está saindo da igreja. O funeral terminou. Agora vem o sepultamento. À sua frente andam seis homens que carregam o caixão com o corpo do seu filho. Seu único filho. Você está entorpecida de tristeza. Perplexa. Você perdeu seu marido, e agora perdeu seu filho. Não tem mais família. Se ainda lhe restassem lágrimas, você choraria. Se ainda lhe restasse fé, você oraria. Mas ambas esgotaram, então você não faz nem uma nem outra coisa. Seu olhar está fixado naquela caixa de madeira.

De repente, ela para. Os carregadores do caixão pararam. Você para. Um homem se colocou na frente do caixão. Você não o conhece. Nunca o viu. Ele não esteve no funeral. Ele veste um manto de veludo e calças *jeans*. Você não sabe o que ele está fazendo. Mas, antes que possa objetar, ele se aproxima de você e diz: "Não chore".

Não chore? Não chore! *Isso é um funeral. Meu filho está morto. Não chore? Quem é você para me dizer que não devo chorar*? Esses são os seus pensamentos, mas nunca se transformam em suas palavras, pois, antes de você conseguir abrir a boca, ele age. Ele se volta para o caixão, coloca sua mão nele e diz em voz alta: "Jovem, eu lhe ordeno, levante-se!".

"Espera aí", um dos carregadores do caixão objeta. Mas ele é interrompido por um movimento repentino dentro do caixão. Os homens olham uns para os outros e rapidamente colocam o caixão no chão. Foi uma ideia boa, pois, assim que o caixão toca o chão, a tampa se abre.

Isso lhe parece ser uma cena de um livro de ficção científica? Não é. Ela está bem ali, no evangelho de Lucas. "Aproximou-se e tocou no caixão, e os que o carregavam pararam. Jesus disse: 'Jovem, eu lhe digo, levante-se!' Ele se levantou, sentou-se e começou a conversar" (Lucas 7:14-15). Cuidado agora. Não leia a última linha rápido demais. Tente de novo. Devagar.

"Ele se sentou e começou a conversar."

Uma oração incrível, não acha? Vamos lê-la de novo. Dessa vez diga cada palavra em voz alta: "Ele se sentou e começou a conversar". Bom trabalho. (Alguém aí perto olhou para você?) Podemos repetir isso? Desta vez, leia novamente em voz alta, mas muito d-e-v-a-g-a-r. Faça uma pausa depois de cada palavra. "Ele... se... sentou... e... começou... a... conversar."

Agora a pergunta: o que há de estranho nesse versículo? Sim, você entendeu. Pessoas mortas não se sentam! Pessoas mortas não conversam! Pessoas mortas não saem de seu caixão!

A não ser que Jesus apareça. Porque, quando Jesus aparece, você nunca sabe o que pode acontecer.

Jairo sabia disso. Sua filha já estava morta. As pranteadoras já estavam na casa. O funeral tinha começado. As pessoas pensavam que o melhor que Jesus teria a oferecer eram algumas palavras bondosas sobre a filha de Jairo. Jesus tinha algumas palavras, sim. Não sobre a garota, mas para a garota: "Menina, levante-se!" (Lucas 8:54).

Antes de o pai se dar conta do que estava acontecendo, ela já estava comendo, Jesus estava rindo e as pranteadoras contratadas foram mandadas embora.

Marta vivenciou um milagre semelhante. Ela tinha nutrido a esperança de que Jesus apareceria para curar Lázaro. Ele não apareceu.

Então ela nutriu a esperança de que ele apareceria para enterrar Lázaro. Ele não apareceu. Quando chegou a Betânia, Lázaro já estava no túmulo havia quatro dias, e Marta se perguntava que tipo de amigo Jesus era. Ela recebe a notícia de que ele está se aproximando da cidade, então ela sai correndo ao encontro dele: "Senhor, se estivesses aqui", ela acusa, "meu irmão não teria morrido" (João 11:21). Há mágoa nessas palavras. Mágoa e decepção. O único homem que poderia ter feito a diferença não apareceu, e Marta quer saber por que não.

Talvez você também queira saber. Talvez você fez o que Marta fez. Alguém que você ama está à beira da morte e você pede ajuda a Jesus. Como Marta, você recorre ao único que pode puxar uma pessoa de volta para a vida. Você pede que Jesus lhe dê uma mão. Marta deve ter pensado: *Certamente ele virá. Ele não ajudou o paralítico? Ele não ajudou o leproso? Ele não devolveu visão ao cego? E eles nem conheciam Jesus. Lázaro é seu amigo. Somos família. Jesus não passa o fim de semana conosco? Ele não come à nossa mesa? Quando ouvir que Lázaro está doente, ele virá correndo para cá.*

Mas ele não veio. O estado de Lázaro piorou. Ela olhou pela janela. Jesus não apareceu. Seu irmão entrava e saía do coma. "Ele virá em breve", ela prometeu. "Aguente mais um pouco". Mas a batida à porta nunca aconteceu. Jesus nunca apareceu. Nem para ajudar. Nem para curar. Nem para enterrar. Agora, quatro dias depois, ele finalmente aparece. O funeral já aconteceu. O corpo está sepultado e o túmulo está selado.

"Se estivesses aqui", ela disse a Jesus, "meu irmão não teria morrido" (v. 21).

Algum aspecto da morte nos leva a acusar Deus de traição. "Se Deus estivesse aqui, não haveria morte!", alegamos. Se Deus é Deus em algum lugar, ele deve ser Deus na face da morte. A psicologia popular consegue lidar com depressão. Palestras motivacionais conseguem lidar com pessimismo. Prosperidade consegue lidar com a fome. Mas só Deus consegue lidar com nosso último destino: a morte.

E só o Deus da Bíblia ousou ficar à beira do precipício e oferecer uma resposta. Ele deve ser o Deus na face da morte. Se não for, ele não é Deus em lugar nenhum. Jesus não se irritou com Marta. Talvez tenha sido a paciência dele que levou Marta a mudar seu tom de voz de frustração para sinceridade. "Mesmo agora, Deus te dará tudo que pedires" (v. 22). Então Jesus fez uma daquelas declarações que o colocam ou no trono ou no manicômio: "O seu irmão vai ressuscitar" (v. 23). Marta entendeu errado. (Quem não teria?) "Eu sei que ele vai ressuscitar na ressurreição, no último dia" (v. 24). Não era isso que Jesus queria dizer. Não ignore o contexto das palavras seguintes. Imagine o cenário: Jesus invadiu o território do inimigo; ele está na terra de Satanás, no Vale da Morte. Seu estômago se revira ao sentir o fedor de enxofre do anjo caído, e ele se encolhe ao ouvir os gemidos oprimidos daqueles que não conseguem sair da prisão. Satanás esteve aqui. Ele violou uma das criações de Deus. Com seu pé na cabeça da serpente, Jesus fala em voz tão alta, que suas palavras ecoam no vale: "Eu sou a ressurreição e a vida. Aquele que crê em mim, ainda que morra, viverá; e quem vive e crê em mim, não morrerá eternamente. Você crê nisso?" (v. 25-26).

É um ponto decisivo na história. Uma falha foi encontrada na armadura da morte. As chaves para o inferno foram reivindicadas. Os urubus esvoaçam e os escorpiões se escondem quando a Vida confronta a morte – e vence! O vento para de soprar. Uma nuvem escurece o Sol e um pássaro canta distante enquanto uma serpente humilhada rasteja entre as rochas e desaparece no chão.

"Lázaro, venha para fora!" (v. 43).

Marta está em silêncio. Os pranteadores estão em silêncio. Ninguém se mexe enquanto Jesus encara o túmulo e exige que ele libere seu amigo.

Ninguém se mexe, isto é, exceto Lázaro. Lá no fundo do túmulo, há movimento. Um coração parado começa a bater. Olhos enfaixados se abrem. Dedos enrijecidos se esticam. E um homem mumificado num túmulo se senta. Quer saber o que aconteceu em seguida?

Vou deixar que João lhe conte: "O morto saiu, com as mãos e os pés envolvidos em faixas de linho, e o rosto envolto num pano" (v. 44).

Pergunta: O que há de errado com essa imagem?

Resposta: pessoas mortas não saem andando de um túmulo.

Pergunta: Que tipo de Deus é esse?

Resposta: o Deus que segura as chaves para a vida e para a morte.

Jesus realmente consegue substituir a morte pela vida? Ele fez um trabalho convincente com sua própria morte.

Avance até a manhã de domingo após a crucificação de Jesus na sexta-feira. Alegria é a última coisa que Maria Madalena espera encontrar ao se aproximar do túmulo. Os últimos dias não tinham trazido nenhum motivo de celebração. Os judeus podiam celebrar – eles tinham tirado Jesus do seu caminho. Os soldados podiam celebrar – seu trabalho estava feito. Mas Maria não podia celebrar. Para ela, os últimos dias só tinham sido uma única tragédia. Maria tinha acompanhado tudo. Ela ouviu os líderes clamarem pelo sangue de Jesus. Ela testemunhou como o chicote romano rasgou a pele de suas costas. Ela chorou quando os espinhos cortaram suas sobrancelhas e a cruz pesou em seus ombros. Ela esteve lá. Ela esteve lá para abraçar. Maria, a mãe de Jesus. Ela esteve lá para fechar seus olhos. Ela esteve lá.

Portanto, não surpreende que ela deseja estar lá novamente. Ela se levanta de sua cama cedo de manhã, pega as especiarias e os óleos, sai de casa, passa pelo Portão de Genate e sobe a colina. Ela espera executar uma tarefa sombria. A essa altura, o corpo já estará inchado. Seu rosto estará branco. O cheiro da morte será pungente. O céu cinzento cede lugar ao nascer do Sol dourado enquanto ela segue a trilha estreita. Quando contorna a última curva, ela prende a respiração. A pedra na frente do túmulo foi removida. *Alguém levou o corpo.* Ela corre para acordar Pedro e João. Eles voltam correndo para ver com seus próprios olhos. Ela tenta acompanhá-los, mas não consegue. Pedro sai do túmulo perplexo, e João sai do túmulo crendo, mas Maria fica sentada na frente do túmulo e chora. Os dois homens voltam para casa e a deixam a sós com seu luto.

Mas algo lhe diz que ela não está sozinha. Talvez, ela ouve um barulho. Talvez, ouve um sussurro. Ou, talvez, ela ouve seu próprio coração que a instrui a levantar os olhos. Qualquer que for a razão, ela olha. Ela enfia a cabeça na entrada e espera até seus olhos se ajustarem à escuridão. Ela ouve: "Por que você está chorando?" (João 20:13), e vê o que parecem ser dois anjos, pois são brancos – brancos e radiantes. São duas luzes, uma em cada ponta do vão vazio. Duas velas num altar. "Por que você está chorando?" – uma pergunta um tanto incomum a ser feita num cemitério. Na verdade, a pergunta é rude. Isto é, a não ser que aquele que faz a pergunta saiba algo que o outro não sabe.

"Levaram embora o meu Senhor e não sei onde o puseram" (v. 13).

Ela ainda o chama de "meu Senhor". Pelo que sabe, seus lábios estão quietos. Pelo que sabe, seu corpo foi levado por ladrões de túmulos. Mas, a despeito dc tudo isso, ele ainda é o Senhor dela. Tal devoção comove Jesus. Move-o para perto dela. Para tão perto, que ela o ouve respirar. Ela se vira e lá está ele. Ela pensa que é o jardineiro. "Por que você está chorando?", ele pergunta. "Quem você está procurando?" (v. 15).

Pensando que o jardineiro sabe onde o corpo está, ela pede que ele lhe diga. Ela buscará o corpo. Mas então Jesus fala.

"Maria" (v. 16).

Maria está chocada. Não é todo dia que você ouve seu nome dito por uma língua eterna. Mas, quando ela ouviu, reconheceu. E, quando reconheceu, reagiu corretamente. Ela o adorou. Num instante, percebeu a verdade do evangelho que ainda se espalharia: a ressurreição – não de Lázaro, mas do próprio Cristo. A tragédia da sexta-feira emergiu como o Salvador do domingo, e até Satanás sabia que tinha sido derrotado. Ele tinha sido uma ferramenta na mão do Jardineiro. O tempo todo em que pensava que estava derrotando o céu, Satanás estava ajudando o céu. Deus queria demonstrar seu poder sobre o pecado e a morte, e foi exatamente o que ele fez. E adivinhe como Satanás o ajudou a fazer isso? Mais uma vez, seu tiro saiu pela culatra. Só que, dessa vez, ele não entregou ao céu apenas alguns pontos. Ele entregou ao céu o campeonato. "A morte foi destruída pela vitória" (1Coríntios 15:54).

Capítulo 19

O grande dia

Esperando ganhar um dinheiro extra, meu pai certa vez aceitou um trabalho de três meses na Nova Inglaterra. Eu tinha dez anos, a meio caminho entre fraldas e namoradas. Passava meu tempo pensando em beisebol e chicletes. Nunca tinha pensado em Bangor, Maine. Até meu pai ir para lá. Quando foi, procurei a cidade no mapa. Calculei a distância entre as planícies do Texas e a costa das lagostas. Meu professor permitiu que eu escrevesse uma redação sobre Henry Wadsworth Longfellow, e papai nos mandou um jarro de xarope de bordo. Nossa família vivia em dois mundos, no nosso e no dele.

Conversávamos muito sobre seu futuro retorno. "Quando papai voltar, vamos arrumar essa rede de basquete... visitar a vovó... ficar acordados até tarde". Mamãe usava esse retorno para confortar e alertar. Ela conseguia fazer ambas as coisas numa única sentença. Com uma voz suave: "Seu pai voltará em breve". Ou com dentes cerrados: "Seu pai voltará em breve". Ela marcou a data de seu retorno no calendário e riscava cada dia que passava, deixando bem claro: o retorno do papai seria algo importante.

E foi. Quatro décadas afetaram as lembranças, mas estas permanecem: o cheiro repentino do perfume Old Spice na casa; sua voz grave e alta; presentes por toda parte; e uma sensação feliz de resolução. O retorno do papai mudou tudo.

O retorno de Cristo fará o mesmo.

Judas tem um nome para esse evento: "o Grande Dia" (Judas v. 6). A expressão é perfeita. Tudo que acontecerá nesse dia será sem precedentes. A sua voz chamará nossa atenção. "O próprio Senhor descerá do céu" (1Tessalonicenses 4:16). Antes de vermos os anjos, ouvirmos trombetas ou abraçarmos nossos avós, seremos envolvidos pela voz de Jesus. João ouviu a voz de Deus e a comparou com "o som de muitas águas" (Apocalipse 1:15). Talvez você já esteve ao pé de uma catarata tão barulhenta e tão cheia de fúria, que teve que gritar para ser ouvido. Ou talvez você tenha ouvido o rugido de um leão. Quando o rei dos animais abre a boca, cada cabeça na selva se levanta. O Rei dos reis provocará a mesma reação: "O Senhor ruge do alto" (Jeremias 25:30).

Lázaro ouviu esse rugido. Seu corpo estava no túmulo e sua alma no paraíso, quando Jesus clamou em ambos os lugares: "Jesus bradou em alta voz: 'Lázaro, venha para fora!' O morto saiu" (João 11:43-44). Espere o mesmo grito e o mesmo estremecer dos corpos no Grande Dia. "Os mortos ouvirão a voz do Filho de Deus [...] todos os que estiverem nos túmulos ouvirão a sua voz e sairão" (João 5:25,28-29).

O grito de Deus provocará a "a voz do arcanjo, o ressoar da trombeta de Deus" (1Tessalonicenses 4:16). O arcanjo é o comandante. Ele enviará exércitos de anjos em sua maior missão: reunir os filhos de Deus em uma única e grande assembleia. Imagine aqueles mensageiros prateados saindo do céu e entrando na atmosfera. Será mais fácil contar os flocos de neve no inverno do que o número desses exércitos. Judas anunciou que "o Senhor vem com milhares de milhares de seus santos, para julgar a todos" (Judas v. 14-15). A população dos exércitos de Deus era grande demais para que João pudesse contá-la. Ele viu "milhares de milhares e milhões de milhões" (Apocalipse 5:11). Eles servem aos salvos e lutam contra o diabo. Eles protegem você e abrem seu caminho. "A seus anjos ele dará ordens a seu respeito, para que o protejam em todos os seus caminhos" (Salmos 91:11). E no Grande Dia, eles acompanharão você até os céus, onde você se encontrará com Deus. "Ele enviará os seus anjos e reunirá os seus eleitos dos quatro ventos, dos confins da terra até os confins do céu" (Marcos 13:27). Não importa se você está em Peoria ou no paraíso. Se você é seguidor de Jesus, pode contar com um acompanhante angelical que te levará para a maior reunião na história. Supomos que os demônios reunirão os rebeldes. Não sabemos. Sabemos, porém, que tanto os salvos como os perdidos testemunharão a assembleia: "Todas as nações serão reunidas diante dele" (Mateus 25:32).

Em algum momento nessa grande reunião, nosso espírito será reunido com nosso corpo.

> Num momento, num abrir e fechar de olhos, ao som da última trombeta. Pois a trombeta soará, os mortos ressuscitarão incorruptíveis e nós seremos transformados. Pois é necessário que aquilo que é corruptível se revista de incorruptibilidade, e aquilo que é mortal, se revista de imortalidade (1Coríntios 15:52-53).

O paraíso liberará suas almas. A terra liberará seus mortos, e o céu será palco de uma reunião de espírito e carne. Quando nossa alma entrar em nosso corpo, um tremendo som irromperá ao nosso redor: "Os céus desaparecerão com um grande estrondo, os elementos serão desfeitos pelo calor, e a terra, e tudo o que nela há, será desnudada" (2Pedro 3:10). Jesus chamou isso de "a regeneração de todas as coisas" (Mateus 19:28). Deus expurgará cada centímetro quadrado que o pecado contaminou, poluiu, degradou ou manchou. Mas talvez nem percebamos a reconstrução, pois uma visão ainda maior aparecerá diante de nós: "o Filho do homem vindo nas nuvens do céu com poder e grande glória" (Mateus 24:30).

A essa altura já teremos visto muito: a enxurrada de anjos, a ascensão dos corpos, a grande assembleia das nações. Teremos ouvido muito: o grito de Deus e do anjo, a trombeta, a explosão da expurgação.

Mas cada visão e cada som parecerão uma lembrança distante comparados àquilo que acontecerá em seguida: "assentar-se-á em seu trono na glória celestial" (Mateus 25:31). Essa é a direção para a qual toda a história caminha. Esse é o momento do qual a trama de Deus se aproxima. Detalhes, personagens, antagonistas, heróis e subtramas convergem nessa direção. A história de Deus nos leva em direção à coroação ansiada por toda a criação. "Pois nele foram criadas todas as coisas nos céus e na terra, as visíveis e as invisíveis, sejam tronos ou soberanias, poderes ou autoridades; todas as coisas foram criadas por ele e para ele. [...] Ele é a cabeça do corpo, que é a igreja; é o princípio e o primogênito dentre os mortos, para que em tudo tenha a supremacia" (Colossenses 1:16,18).

No Grande Dia, você ouvirá bilhões de vozes afirmarem a mesma coisa sobre Jesus Cristo: "Para que ao nome de Jesus se dobre todo joelho, no céu, na terra e debaixo da terra, e toda língua confesse que Jesus Cristo é o Senhor, para a glória de Deus Pai" (Filipenses 2:10-11). Multidões se curvarão como um campo de trigo num dia de vento, e cada uma dessas pessoas dirá: "Jesus Cristo é Senhor!"

Haverá uma diferença monumental. Algumas pessoas continuarão a confissão que começaram na terra. Elas coroarão Cristo mais uma vez e com alegria. Outras o coroarão pela primeira vez. Farão isso com tristeza. Elas negaram Cristo na terra, por isso ele as negará no céu. Mas aqueles que o aceitaram na terra viverão com Deus para sempre. "Ouvi uma forte voz que vinha do trono e dizia: 'Agora o tabernáculo de Deus está com os homens, com os quais ele viverá. Eles serão os seus povos; o próprio Deus estará com eles e será o seu Deus'" (Apocalipse 21:3). O narrador repete o mesmo ponto em quatro orações consecutivas:

"Deus se mudou para o seu bairro."

"Ele viverá com os homens e as mulheres."

"Eles são seu povo."

"Ele é o seu Deus."

O anúncio vem com a energia de um garoto de seis anos que anuncia a chegada de seu pai após uma longa viagem. "O papai voltou! Ele está aqui! Mamãe, ele voltou!" Uma declaração não bastará. Essa é uma notícia digna de repetição. Finalmente veremos Deus face a face.

"Eles verão a sua face" (Apocalipse 22:4).

Imagine. Você verá o rosto de Deus. Você olhará nos olhos daqueles que sempre viu; contemplará a boca que comanda a história. Se houver qualquer coisa mais maravilhosa do que ver o seu rosto, será o momento em que ele tocar o seu: "Ele enxugará dos seus olhos toda lágrima" (Apocalipse 21:4).

Deus tocará suas lágrimas. Ele não demonstrará sua força nem exibirá seu poder. Reis menores fariam um discurso de vitória. Deus, não. Ele prefere esfregar o polegar em sua bochecha, como que dizendo: "Está tudo bem... chega de lágrimas".

Não é isso o que um pai faz?

Havia muito que eu não entendia o tempo que meu pai passou em Maine. As responsabilidades de seu trabalho, suas atividades diárias, a razão pela qual teve de ir. Eu era jovem demais para entender todos os detalhes. Mas eu sabia: ele voltaria para casa.

Nesse mesmo sentido, quem pode entender o que Deus está fazendo? Estes dias na terra podem parecer difíceis... manchados pelo conflito, entristecidos pela separação. Lutamos, poluímos, discriminamos e matamos. As sociedades sofrem inúmeras brigas.

Nós nos perguntamos: *Para onde este mundo está caminhando*? A resposta de Deus: para um Grande Dia. No Grande Dia, toda a história será consumada em Cristo. Ele assumirá sua posição "muito acima de todo governo e autoridade, poder e domínio, [...] não apenas nesta era, mas também na que há de vir" (Efésios 1:21). E ele, o Autor de tudo, fechará o livro desta vida, abrirá o livro da próxima e começará a ler para nós a sua história sem fim.

Capítulo 20

Céu, finalmente em casa

Você tem estado mais perto do céu do que possa ter percebido. Deixe-me refrescar sua memória. Tente se lembrar dos anos pós-fralda e pré-jardim de infância. Lembra-se da sua infância? Que época esplêndida. Acordar era maravilhoso, e acordar seus pais era ainda melhor. O primeiro auge do dia era a vista da luz do Sol, e a única hora ruim era a hora de dormir. Você já tinha idade para andar, mas ainda não tinha idade para se preocupar. Não existia motivo de preocupação. Sorvete não tinha calorias, a imaginação não tinha limites e a vida não precisava de salários. Você escalava a escada no parquinho, não a escada da carreira. A vida era simples. Você podia passar uma hora girando a lata de café ou um dia inteiro cavando buracos na praia. Sua agenda era simples. Você nunca se preocupava com o trânsito, nem consultava um calendário, nem marcava um horário. Caso tenha usado um relógio, era o de plástico que veio como brinde na caixa de cereais. A infância não conhecia alarmes. A vida não era mais simples?

O que aconteceu com a simplicidade da infância?

O que aconteceu foi o tempo. Alarmes começaram a tocar. Sinos de escolas começaram a soar. O número de velas no bolo de aniversário começou a aumentar. Não mandamos no tempo. O tempo é que manda em nós: ele nos manda acelerar quando o sinal está amarelo, ele nos manda encerrar uma conversa, nos manda comprar um lote no cemitério. O substantivo *tempo* atrai preposições como um cachorro atrai pulgas. Terminar o trabalho "a tempo" e chegar ao trabalho "na" hora. As exigências do tempo roubam a simplicidade da vida.

A complexidade das coisas faz o mesmo. Olhe só para tudo que administramos. Precisamos manter o tanque do carro cheio, as camas feitas, os livros arrumados, as portas trancadas e as contas pagas. Que criança de quatro anos pensa no jantar de hoje? Que ser humano de quarenta anos não pensa? Na infância, você não conhecia a diferença entre hipoteca e uma medida de peso. Hoje, sua hipoteca é um dos muitos pesos que carrega na vida. As coisas complicam a nossa existência.

Pessoas também. Divórcios. Processos. Pais que trabalham demais ou filhos que não fazem nada. Pessoas complicam a vida. Elas partem corações e quebram promessas, criam confusões, fazem exigências e exigem doses diárias de graça e perdão. As pessoas não eram tão complexas nos dias de parquinho. Você brigava num momento e, no seguinte, compartilhava seu lanche. Nestes dias de adulto, ficamos ressentidos por mais tempo e nos magoamos mais profundamente. Manter uma lista de ofensores é... bem, é complicado.

A vida tem sido complicada desde que aconteceram o tempo, as coisas e as pessoas. Às vezes, gostaríamos de nos livrar de tudo. Queríamos poder seguir o exemplo do vendedor de árvores de Natal de Michigan. No Dia de Ação de Graças, ele e sua esposa migram para San Antonio, estacionam ao lado de uma barraca de árvores de Natal e passam os feriados complementando sua aposentadoria. Ele é um homem agradável, e adoro quando ele me explica seu itinerário simples. Num ano, perguntei para onde ia depois do Natal. Sua resposta foi: "Acho que vamos passar um tempinho no sul do Texas. Em março, viramos para a esquerda e seguimos até a Flórida". Era isso. Gostei disso.

Minha agenda tinha mais compromissos antes do almoço do que ele tinha no ano inteiro. Não seria maravilhoso arrumar as malas, ir para o sul do Texas até março e depois passar o resto do ano na Flórida?

Mas sabemos que não é assim que funciona. Aprendemos que a vida não funciona assim. Nossas complexidades nos seguem até a Flórida ou Maine ou até o campo de golfe ou o spa. As pressões do tempo também acontecem nesses lugares. E as coisas e pessoas continuam nos estressando. Se o que você procura for simplicidade, não a encontrará vendendo árvores de Natal. Mas você a encontrará se aturar mais uma rodada de perguntas sobre complexidade.

O que realmente complica a vida? O pecado.

Pecar significa recorrer a alguém ou a alguma coisa para ter algo que só Deus pode dar. Recorrer a um corpo malhado ou a um diploma de Harvard para ser importante. Recorrer a uma garrafa de uísque ou a uma noite de sexo para administrar a dor. Recorrer a projetos religiosos como terapia de culpa. Quando pedimos que qualquer coisa na terra faça o trabalho do céu, nós pecamos. E o pecado transforma a vida em um sudoku para avançados.

Calcule o tempo que gastamos tentando consertar os danos causados pelos pecados de ontem. Combatendo hábitos ruins. Evitando relacionamentos tóxicos. Lamentando decisões ruins. Quanta energia você gasta consertando as decisões de ontem? Estaria exagerando se dissesse que a vida é complicada hoje porque pecamos ontem?

Reflita comigo sobre isso. A sua vida não seria muito mais simples se você nunca pecasse? Nunca desobedecesse a Deus? Nunca ignorasse seu ensinamento nem se revoltasse contra sua vontade? Elimine todas as brigas, lutas, ressacas, vícios, discussões, dívidas excessivas, pensamentos impuros e arrependimentos de sua vida. As coisas não ficam muito mais simples muito rapidamente? Continue comigo. Agora, multiplique sua resposta por alguns bilhões e imagine como o nosso mundo seria diferente se ninguém pecasse. Reflita sobre isso. Se nosso mundo não conhecesse o pecado, como ele seria diferente?

Nenhum bebê indesejado, nenhuma tensão irresolvida. Nenhuma nação em guerra. Nenhuma língua fofoqueira, nenhum marido traidor, nenhuma esposa implicante. Ausência de pecado significa nenhuma perda de controle. Ausência de pecado destrói todas as bombas e armas. Nós não nos afundaríamos em dívidas, comprando o que não precisamos com o dinheiro que não temos para impressionar pessoas que não conhecemos. Nós não nos culparíamos por termos tropeçado ontem porque, numa sociedade sem pecado, nós não pecamos ontem e não tropeçaremos amanhã. Nem nunca.

Você consegue imaginar como a ausência do pecado simplificaria a vida? Se conseguir, você está imaginando o céu. A ausência do pecado é a razão principal pela qual o céu será simplesmente maravilhoso.

"Já não haverá maldição nenhuma" (Apocalipse 22:3).

A maldição é a consequência do pecado, a ressaca da rebelião. Adão e Eva pecaram no jardim de Éden. Queriam que uma árvore lhes desse o que apenas Deus podia dar – vida. Quando pecaram, a simplicidade saiu voando pela janela, abrindo a porta para que a complexidade entrasse.

O trabalho ficou complexo. "Maldita é a terra por sua causa" (Gênesis 3:17). O solo deixou de cooperar com a humanidade, exigindo "sofrimento" (v. 17) e produzindo "espinhos e ervas daninhas" (v. 18). O relacionamento com Deus se tornou complexo. Os seres humanos deixaram de andar com Deus. Ao contrário, começaram a temer sua voz e a evitar sua presença. Quando Deus perguntou "Onde está você?", Adão respondeu: "Ouvi teus passos no jardim e fiquei com medo, porque estava nu; por isso me escondi" (Gênesis 3:9-10). Como um enxame de abelhas assassinas, emoções estranhas os atacaram: culpa, vergonha e medo. Relacionar-se com Deus não era mais tão simples quanto passear pelo jardim. E relacionar-se um com o outro também deixou de ser simples.

Adão culpou Eva. Eva culpou a cobra. A cobra desapareceu. Os relacionamentos se tornaram complexos. E seus dias passaram a ter um fim. Ouça só a maldição da morte: "Com o suor do seu rosto você comerá o seu pão, até que volte à terra, visto que dela foi tirado" (Gênesis 3:19). No momento em que os dentes se afundaram na maçã, a terra se endureceu contra seus administradores. Adão e Eva fugiram de Deus, e Deus limitou o tempo de vida de seu corpo físico. A maldição complicou a vida. A anulação da maldição a simplificará.

"Já não haverá maldição nenhuma" (Apocalipse 22:3).

Não haverá mais luta com a terra. Não haverá mais vergonha diante de Deus. Não haverá mais tensões entre as pessoas. Não haverá mais morte. Não haverá mais maldição. A remoção da maldição devolverá o povo de Deus e o universo aos seus estados originais. Ele fará isso por causa da obra de Jesus Cristo na cruz. "Cristo nos redimiu da maldição da lei quando se tornou maldição em nosso lugar" (Gálatas 3:13). Cristo suportou cada consequência da maldição: vergonha, humilhação e até a morte. Por causa disso, a maldição será anulada. E, por causa disso, a vida finalmente será simples. Você não pecará no céu. Você não pecará no céu porque não haverá tentação no céu. Satanás, o tentador, será lançado no "fogo eterno, preparado para o diabo e os seus anjos" (Mateus 25:41). Ele não estará mais presente para nos tentar. Mas precisamos esperar até o céu para desfrutar uma vida mais simples? Estamos fadados e condenados à insanidade até lá? De forma alguma. Você pode inaugurar a simplicidade ainda hoje. Você não precisa ir à Flórida para encontrá-la. Mas você precisa de um Salvador.

Jesus Cristo tem grandes sonhos para você, meu amigo. Ele oferece alegria nesta vida e perfeição na próxima. Quer simplificar a sua existência? Simplifique-a hoje permitindo que Jesus perdoe os pecados de ontem. "Livremo-nos de tudo o que nos atrapalha e do pecado que nos envolve" (Hebreus 12:1). O pecado nos seduz, nos envolve. Arma para nós. Seu coração está entulhado? Quando foi a última vez em que permitiu que Deus purificasse seu pecado? Se já passou algum tempo desde a última vez, agora você sabe porque a vida parece ser tão louca. Permita que Deus faça o que ele deseja fazer. "Se confessarmos os nossos pecados, ele é fiel e justo para perdoar os nossos pecados e nos purificar de toda injustiça" (1João 1:9). Simplifique o hoje permitindo que Deus perdoe o ontem. Simplifique o amanhã voltando a atenção do seu coração para o céu. Você tem um amigo que te levará até lá. O nome dele é Jesus.

PERGUNTAS PARA REFLETIR

Preparadas por Andrea Lucado

PARTE 1

EMANUEL

1. Quem é Jesus para você? Como você o descreveria? O que sabe sobre ele?

2. Max explica que a palavra *Emanuel* é composta por duas palavras hebraicas – *Immanu* e *El*. O que significa cada uma dessas palavras?
   - Por que Jesus é chamado assim?

3. Em quais circunstâncias Jesus veio à terra? Em que tipo de família ele nasceu? Em que tipo de cidade ele nasceu?
   - Em sua opinião, por que Deus enviou Jesus à terra dessa forma?

4. Você já segurou um recém-nascido em seus braços? Que pensamentos passaram por sua cabeça enquanto segurava o bebê? Quais eram suas esperanças para a criança?

5. Em Lucas 1:30-33, o anjo Gabriel disse à Maria: "Não tenha medo, Maria; você foi agraciada por Deus! Você ficará grávida e dará à luz um filho, e lhe porá o nome de Jesus. Ele será grande e será chamado Filho do Altíssimo. O Senhor Deus lhe dará o trono de seu pai Davi, e ele reinará para sempre sobre o povo de Jacó; seu Reino jamais terá fim". O que você acha que Maria pensou quando olhou para seu filho recém-nascido e se lembrou das palavras de Gabriel?

6. Max observa que Jesus nunca abusou de seu poder sobrenatural: "Cristo nunca usou seus poderes sobrenaturais em benefício próprio. Com uma única palavra ele poderia ter transformado o chão duro numa cama macia, mas não fez isso. Com um único gesto, poderia ter jogado o cuspe de seus acusadores de volta em seus rostos. Mas não fez isso" (p. 21).
   - Por que, em sua opinião, Jesus não usou seus poderes quando eles poderiam ter sido úteis?

7. O que, segundo Max, é o mais importante sobre a jornada de Jesus do céu para a terra? (cf. p. 23)
   - Você acredita que Jesus veio à terra por sua causa? Por quê? Ou por que não?

8. Jesus veio para viver entre nós e, ao fazê-lo, experimentou o que nós experimentamos. Leia os seguintes versículos:

   > Naquela hora Jesus, exultando no Espírito Santo, disse: "Eu te louvo, Pai, Senhor do céu e da terra" (Lucas 10:21).
   >
   > Quando se aproximou e viu a cidade, Jesus chorou sobre ela e disse: "Se você compreendesse neste dia, sim, você também, o que traz a paz! Mas agora isso está oculto aos seus olhos" (Lucas 19:41-42).
   >
   > Respondeu Jesus: "Ó geração incrédula e perversa, até quando estarei com vocês? Até quando terei que suportá-los? Tragam-me o menino" (Mateus 17:17).

Por volta das três horas da tarde, Jesus bradou em alta voz: "Eloí, Eloí, lamá sabactâni?", que significa: "Meu Deus! Meu Deus! Por que me abandonaste?" (Mateus 27:46).

- Quais são as diferentes emoções que Jesus expressa nessas passagens?
- Quais foram as emoções que Jesus sentiu enquanto esteve na terra? Você consegue citar passagens que revelam essas emoções?
- Quais dessas emoções você vivencia com frequência? Como você se sente sabendo que Jesus também se sentiu assim?

9. Você aprendeu algo novo sobre Jesus nesta seção? O quê?
    - Descobrir isso sobre Jesus muda a maneira como você se relaciona com ele no dia a dia? Como isso poderia afetar a forma como você se relaciona com os outros?

PARTE 2

AMIGO

1. Pense em um dos seus melhores amigos. O que torna essa pessoa um amigo seu? Quais qualidades dessa pessoa são especialmente importantes para a sua amizade?

2. Alguma vez você já pensou em Jesus como seu amigo? Que tipo de amigo você acha que Jesus é? Que tipo de pessoa você acha que Jesus era enquanto estava na terra?

3. Um desenho no escritório de Max mostra Jesus rindo. Imagine-se na presença de Jesus e ouvindo a risada dele. Como isso afeta a maneira como você o vê como o Salvador?
   - Pense em outros retratos de Jesus que você tem visto. Como ele costuma ser retratado pela arte? Qual retrato consegue comovê-lo mais profundamente?

4. Max observa que Jesus foi convidado para o casamento em Caná (João 2:2). Por que ele foi convidado? O que isso lhe diz sobre Jesus?
   - Levando em conta como é seu relacionamento com Jesus hoje em dia, você o convidaria para uma festa sua? Por quê? Ou por que não?

5. Preencha as lacunas: Jesus disse: "Eu vim para que tenham ________ e a tenham __________" (João 10:10).
   - Descreva com suas palavras como seria uma vida de alegria e abundância.
   - É essa a vida que você está vivendo? Explique.

6. Por que Jesus quer que seus seguidores tenham uma vida cheia de alegria e abundância?
   - Descreva alguém que você conhece, e que é um seguidor de Cristo, que esteja vivendo uma vida alegre e abundante. Quais características ou ações indicam que ele ou ela esteja vivendo uma vida de alegria e abundância?
   - Agora pense num seguidor de Cristo que não vive uma vida alegre nem abundante, mas que, nas palavras de Max, é "solene" e tem um "coração pesado" (p. 41).
   - Quais semelhanças e diferenças você vê na maneira como esses dois seguidores de Cristo vivem?

7. Leia Lucas 5:27-32. Quem era Levi quando Jesus o encontrou? Qual era sua reputação?
   - Como Jesus tratou Levi, a despeito de sua reputação?

8. O que a história de Levi lhe diz sobre o tipo de amigo que Jesus era? O que ela lhe diz sobre o tipo de amigo que deveríamos ser, mesmo para pessoas que são diferentes de nós?

9. João 1:14 diz que Jesus era "cheio de graça e verdade". Qual exemplo de como Jesus tratou os outros mostra mais claramente a sua verdade e graça? Por quê?
   - Como se manifestam a graça e a verdade quando as oferecemos aos nossos amigos?

10. De acordo com João 3:16, quem recebe vida eterna?
    - O que você acha disso? Acredita nisso? Acha que é justo ou injusto? Explique sua resposta.

11. Jesus fez amizade com outros personagens improváveis na Bíblia. Em João 4, ele fala com uma mulher samaritana e revela a ela sua identidade verdadeira como o Messias. Em Lucas 19, ele se convida para a casa de um coletor de impostos chamado Zaqueu. Por que as pessoas no tempo de Jesus se surpreenderam com sua interação com a mulher samaritana e com Zaqueu?

12. Quando se trata da salvação, você consegue imaginar alguém que o mundo vê como uma mulher samaritana ou um Zaqueu – alguém que, na visão do mundo, não deveria entrar no céu? Existe alguma pessoa ou algum grupo de pessoas que você não consegue imaginar como se inserindo na categoria à qual se aplica a política do "todo"?
    - Como você acha que Jesus se sente em relação a essa pessoa ou a esse grupo de pessoas?

13. Você aprendeu algo novo sobre Jesus nesta seção?
    - Descobrir isso sobre Jesus muda a maneira como você se relaciona com ele no dia a dia? Como isso poderia afetar a forma como você se relaciona com os outros?

PARTE 3

MESTRE

1. Você tem ou já teve um professor favorito (um professor na escola, um professor na igreja ou um mentor)? O que você mais gosta nesse professor?
   - Quais são algumas características de um bom professor?

2. Alguma vez você já pensou em Jesus como seu mestre ou professor? Por quê? Ou por que não?
   - Se você respondeu "sim", o que Cristo tem lhe ensinado recentemente? Se você respondeu "não", em quais sentidos Jesus poderia ser seu professor?

3. Leia a história da mulher pega em adultério, em João 8:2-11.
   - Nessa história, por que o comportamento de Jesus surpreende?
   - Qual foi a estratégia de ensino de Jesus aqui?

- Que lição ele ensinou aos fariseus e aos mestres da lei?
- Que lição ele ensinou à mulher?

4. Mateus 7:29 diz: "porque ele as ensinava como quem tem autoridade, e não como os mestres da lei". Jesus tinha autoridade sobre o quê? Quais eram algumas das áreas de perícia de Jesus?

5. Max observa que Jesus não se gabou do seu conhecimento de Deus, mas também não o escondeu. Ele o compartilhou conosco (p. 77). Como Jesus compartilha seu conhecimento conosco?

6. Identifique um ou dois aspectos de Deus ou da fé que você acha difíceis de entender. Como Cristo permite o entendimento dessas coisas, seja nas Escrituras ou em oração?

7. Existe uma situação ou uma área em sua vida em que você deveria ouvir estas palavras de Jesus: "Eu vos ensinarei" (Mateus 11:29)? Que situação é essa? O que Jesus pode ensinar a você?

8. Antes de iniciar seu ministério, Jesus passou quarenta dias no deserto sendo tentado por Satanás. Leias as três tentações registradas na Bíblia:

> O diabo lhe disse: "Se você é o Filho de Deus, mande a esta pedra que se transforme em pão" (Lucas 4:3).
>
> O diabo o levou a um lugar alto e mostrou-lhe num relance todos os reinos do mundo. E lhe disse: "Eu lhe darei toda a autoridade sobre eles e todo o seu esplendor, porque me foram dados e posso dá-los a quem eu quiser. Então, se você me adorar, tudo será seu" (Lucas 4:5-7).
>
> O diabo o levou a Jerusalém, colocou-o na parte mais alta do templo e lhe disse: "Se você é o Filho de Deus, jogue-se daqui para baixo. Pois está escrito: 'Ele dará ordens a seus anjos a seu respeito, para lhe guardarem; com as mãos eles os segurarão, para que você não tropece em alguma pedra'" (Lucas 4:9-11).

- Como Satanás tentou seduzir Jesus?

9. Agora leia a resposta de Jesus a cada uma das tentações:

> Jesus respondeu: "Está escrito: 'Nem só de pão viverá o homem'" (Lucas 4:4).
>
> Jesus respondeu: "Está escrito: 'Adore o Senhor, o seu Deus e só a ele preste culto'" (Lucas 4:8).
>
> Jesus respondeu: "Dito está: 'Não ponha à prova o Senhor, o seu Deus'" (Lucas 4:12).

- Qual foi a arma de Jesus contra Satanás? Quais são nossas melhores armas contra Satanás?
- O que essa história lhe diz sobre como você pode se preparar para o ministério ou para qualquer chamado que lhe foi dado?

10. Leia João 15:4-10. De acordo com essa passagem, como produzimos fruto?
    - Leia Gálatas 5:22. Que tipo de fruto produzimos quando permanecemos em Cristo?

11. Quais são algumas maneiras de você permanecer em seu mestre Jesus nesta semana? Como você pode se conectar com ele de forma significativa?

12. Você aprendeu algo novo sobre Jesus nesta seção?
    - Descobrir isso sobre Jesus muda a maneira como você se relaciona com ele no dia a dia? Como isso poderia afetar a forma como você se relaciona com os outros?

PARTE 4

MILAGREIRO

1. No início da seção, Max faz uma pergunta: "Você acredita em milagres divinos?" (p. 99). Você acredita em milagres? Por quê? Ou por que não?

2. Se você acredita, alguma vez já testemunhou um milagre ou experimentou um milagre pessoalmente? O que aconteceu? Como sabe que foi um milagre?
   - Se você não acredita em milagres ou se não tem certeza sobre isso, alguma vez você já testemunhou ou experimentou algo incrível ou maravilhoso que é difícil de explicar com o entendimento humano? Como foi essa experiência para você?

3. Preencha as lacunas: "Os milagres de Jesus não ________________ ________________; eram ________________.

Não eram ________________________________ de sua história; faziam parte __________________________" (p. 101).

- Segundo João 20:30-31, por que os milagres de Jesus ocupam o palco central nos evangelhos?
- Os milagres de Jesus ocupam o palco central na maneira como você vê e entende Jesus e sua vida? Por quê? Ou por que não?

4. Como Jesus acalmou o vento e as ondas em Marcos 4:39? O que isso lhe diz sobre seu poder e sua autoridade?

5. Você já experimentou Jesus no meio de uma "tempestade" em sua vida – numa estação difícil ou escura, quando você não sabia se sobreviveria a ela? Como você trouxe paz ou tranquilidade para aquela estação ou circunstância?

6. Como Max define "fé", na página 113?
   - De acordo com essa definição, quanta fé você acha que tem neste momento? Por quê?

7. Leia Marcos 5:24-28. Que tipo de fé a mulher com hemorragia tinha?
   - Por que ela acreditava que Jesus poderia curá-la?

8. Alguma vez você já esteve numa situação desesperadora em que clamou a Deus como último recurso? O que aconteceu? Como essa experiência afetou sua fé?

9. Em que você precisa da cura de Jesus em sua vida neste momento? Em sua saúde, num relacionamento, num sonho perdido, em sua fé?
   - De que forma você poderia dar um passo de fé, como a mulher com hemorragia, e pedir ajuda ou até mesmo um milagre a Jesus?

10. Marcos 2:1-12 conta a história de um grupo de amigos determinados. Estavam determinados a levar seu amigo paralisado até Jesus.

Quando não conseguiram entrar na casa onde Jesus estava ensinando, encontraram outro caminho. Como conta Marcos 2:4: "Não podendo levá-lo até Jesus, por causa da multidão, removeram parte da cobertura do lugar onde Jesus estava e, através de uma abertura no teto, baixaram a maca em que estava deitado o paralítico".

- Você já teve um amigo ou um grupo de amigos que se juntaram a você para pedir cura física, emocional ou espiritual? Como isso afetou suas circunstâncias e sua fé?
- Se houver uma área em sua vida que precisa de cura, você tem algum amigo, parente ou ente querido que poderia se juntar a você em oração? Você poderia pedir ajuda a essa pessoa nesta semana?

11. Leia Marcos 2:10-12. Como Jesus reagiu ao paralítico e aos seus amigos?
    - Como você reage quando amigos pedem suas orações?

12. De acordo com João 9:38, como o homem cego reagiu quando Jesus o curou?
    - Qual é a sua primeira reação quando, inesperadamente, algo bom acontece em sua vida?
    - Por qual milagre em sua vida – grande ou pequeno – você poderia agradecer a Jesus hoje em adoração?

13. Você aprendeu algo novo sobre Jesus nesta seção?
    - Descobrir isso sobre Jesus muda a maneira como você se relaciona com ele no dia a dia? Como isso poderia afetar a forma como você se relaciona com os outros?

PARTE 5

CORDEIRO DE DEUS

1. O que é "amor santo"? (p. 126)
   - Você vê Deus mais como amoroso ou como santo? Por quê?
   - Por que é importante que a fé cristã envolva um Deus que é santo e amoroso?
   - Que papel Jesus exerceu em comunicar esse amor santo de Deus ao povo de Deus?

2. Leia Mateus 1:20-21. O que significa o nome Jesus?
   - Antes de ler esta seção, como você entendia o sacrifício de Cristo na cruz? Você conhecia o conceito teológico da "expiação substitutiva"? Ele é claro ou um pouco confuso? Explique-o com suas próprias palavras.

3. João 13:3-5 descreve Jesus lavando os pés de seus discípulos. Esse foi um ato de humildade e serviço a eles. Você poderia argumentar que os discípulos não mereciam esse tratamento por parte de Jesus, pois todos eles tinham fracassado de alguma forma.
   - Como Felipe falhou com Jesus?
   - Como Tiago e João falharam com Jesus?
   - Como Pedro falhou com Jesus?
   - Como Judas falhou com Jesus?
   - Mesmo assim, Jesus lavou os pés dos discípulos. O que isso nos diz sobre a nossa salvação em Cristo?

4. Na noite antes de sua crucificação, no Jardim de Getsêmani, Jesus "prostrou-se e orava para que, se possível, fosse afastada dele aquela hora. E dizia: 'Aba, Pai, tudo te é possível. Afasta de mim este cálice; contudo, não seja o que eu quero, mas sim o que tu queres'" (Marcos 14:35-36). O que a oração de Jesus nos ensina sobre ele? Até onde ele estava disposto a ir para salvar nossa alma?
   - Alguma vez você já pediu que Deus o salvasse de algo difícil que você sabia que aconteceria? O que você pediu que Deus fizesse ou o que esperava que aconteceria naquela situação difícil?

5. Se Jesus teve medo, por que ele foi em frente até a cruz?
   - Existe alguém na sua vida por quem você estaria disposto a sofrer ou até morrer? Quem é essa pessoa e por que você sofreria por essa pessoa?
   - Saber que Jesus teve o mesmo sentimento por você te afeta de que maneira?

6. As últimas palavras de Jesus na cruz foram: "Está consumado!" (João 19:30). O que ele quis dizer com isso?
   - Quais são algumas áreas inacabadas em sua vida? Um relacionamento danificado que não foi reparado? Um sonho que não se realizou? Como é a sensação de ter essas coisas inacabadas em sua vida?

7. Ao contemplar que o pagamento pelo seu pecado foi feito na cruz e que sua salvação é definitiva por meio de Jesus Cristo, como isso afeta a maneira como você vê as áreas de sua vida que parecem inacabadas?

8. Gálatas 3:27 diz que os crentes "de Cristo se revestiram". O que significa vestir Cristo como uma roupa?

9. Você aprendeu algo novo sobre Jesus nesta seção?
   - Descobrir isso sobre Jesus muda a maneira como você se relaciona com ele no dia a dia? Como isso poderia afetar a forma como você se relaciona com os outros?

PARTE 6

O REI QUE RETORNA

1. Com que frequência você pensa no céu? Todo dia, de vez em quando ou nunca? Por quê? O que faz você pensar no céu?

2. Max observa que, embora possamos gostar de uma viagem, todos nós queremos ter um destino. Alguma vez você já fez uma longa viagem de carro ou de avião? Como se sentiu quando finalmente chegou ao seu destino?

3. Preencha a lacuna: "Deus deve ser o Deus na face da ____________" (p. 160).
   - Como você explicaria o que Max quer dizer com essa declaração?
   - O que você pensa sobre essa declaração?

4. Max fala sobre três histórias de ressurreição nessa seção:
   O filho da viúva em Lucas 7:11-17
   A filha de Jairo em Lucas 8:40-56
   Lázaro, irmão de Maria e Marta, em João 11:1-44
   - Alguma vez você já teve de enfrentar a morte de um ente querido?

   Lembrando dessa experiência, você consegue ver a ação de Deus nessa história? Como? Que papel Deus exerce na morte?

5. Quando Jesus disse: "Está consumado" (João 19:30), a que ele estava se referindo? E o que não terminou na cruz?

6. O que essas histórias de ressurreição – a de Jesus e as dos outros que ele ressuscitou nos evangelhos – nos dizem sobre a nossa própria morte?
   - O que essas histórias de ressurreição nos dizem sobre nossa vida hoje?

7. Até agora, você tem lido sobre Jesus como Emanuel, amigo, mestre, milagreiro e Cordeiro de Deus. Mas qual será o último título de Jesus (cf. Apocalipse 19:16)?
   - Como seria considerar Jesus o Rei de sua vida hoje? Algo mudaria? O quê?

8. Apocalipse 22:4 diz que veremos Deus face a face. Imagine como isso será. O que você gostaria de dizer a Deus quando o vir face a face? O que você quer que ele lhe diga?
   - Não podemos literalmente ver a face de Deus hoje, mas, por causa de Jesus, Deus está presente no nosso dia a dia. De que formas você tem visto a face de Deus?
   - O que aconteceria se você tentasse enxergar a face de Deus nas pessoas à sua volta? Como isso mudaria a forma como você reage às pessoas em sua vida?

9. Max diz que a coisa que realmente complica nossa vida é o pecado. Como o pecado complica a sua vida?
   - O que mudaria em sua vida se você nunca pecasse?

10. Apocalipse 22:3 diz que, no céu, "já não haverá maldição nenhuma". À qual maldição esse versículo se refere?
    - Contemple o início da nossa história com o pecado em Adão e Eva (Gênesis 3). Como será viver num lugar sem pecado?
    - Como imaginar que isso traz esperanças aos lugares difíceis e escuros da sua vida?

11. Jesus já anulou a maldição do pecado. Não precisamos mais suportar o fardo do pecado. Você permitiu que Jesus tirasse de você a culpa e o fardo do seu pecado?
    - O que está impedindo você?
    - Mesmo quando permitimos que Jesus retire nossa culpa e nosso pecado, ainda assim precisamos da prática diária da confissão e da entrega durante toda a vida cristã. Que pecado ou preocupação você precisa entregar a Cristo hoje?

12. Ao chegar ao fim deste livro, pense naquilo que Jesus foi e é: Emanuel, amigo, mestre, milagreiro, Cordeiro de Deus e Rei. Qual é o Jesus do qual você mais precisa hoje? O que você pode fazer para conhecer Jesus melhor?

Fontes

Texto adaptado e retirado das seguintes fontes:

INTRODUÇÃO

Quem tem sede venha

CAPÍTULO 1: NASCIDO PARA VOCÊ NESTE DIA

Quebrando a rotina

Derrubando Golias

Dez homens da Bíblia

Um presente maravilhoso

CAPÍTULO 2: UMA NOITE NADA COMUM

Derrubando Golias

Quebrando a rotina

Quando Deus sussura o seu nome

O aplauso do céu

Deus chegou mais perto

CAPÍTULO 3: A PALAVRA SE FEZ CARNE
Ele escolheu os cravos

CAPÍTULO 4: JESUS ENTENDE VOCÊ
Ele escolheu os cravos
O Salvador mora ao lado
E tudo começou em Belém
Deus chegou mais perto

CAPÍTULO 5: VIDA DE ALEGRIA E ABUNDÂNCIA
In the Eye of the Storm [No olho da tempestade]
Quando Deus sussura o seu nome

CAPÍTULO 6: GRAÇA E VERDADE
In the Eye of the Storm [No olho da tempestade]
Quando Deus sussura o seu nome
O caminho da felicidade

CAPÍTULO 7: TODO
3:16
Faça a vida valer a pena
Dias de glória

CAPÍTULO 8: O CHARLATÃO
Graça
Seu nome é Salvador, não é de admirar que o chamem assim

CAPÍTULO 9: ELE SE CURVOU PARA ELA
3:16
Faça a vida valer a pena
Dias de glória
Graça
Seu nome é Salvador, não é de admirar que o chamem assim

CAPÍTULO 10: ALGUÉM COM AUTORIDADE

3:16

CAPÍTULO 11: O CAMINHO PELO DESERTO

3:16

A grande casa de Deus

O Salvador mora ao lado

CAPÍTULO 12: "EU SOU A VIDEIRA"

Esperança inabalável

3:16

Great Day Every Day [Dias bons sempre]

Quando os anjos silenciaram

O fim da ansiedade

CAPÍTULO 13: OS VENTOS E AS ONDAS OBEDECEM A ELE

A grande casa de Deus

Quebrando a rotina

Sem medo de viver

CAPÍTULO 14: A SUA FÉ A CUROU

Dez mulheres da Bíblia

Ele ainda remove pedras

Gente como a gente

CAPÍTULO 15: A MARAVILHA DA ADORAÇÃO

Faça a vida valer a pena

Ele ainda remove pedras

In the Eye of the Storm [No olho da tempestade]

O Salvador mora ao lado

CAPÍTULO 16: DEUS SALVA

E tudo começou em Belém

O caminho da felicidade

Graça
Quando os anjos silenciaram
O Salvador mora ao lado

CAPÍTULO 17: "ESTÁ CONSUMADO"
O Salvador mora ao lado
Seu nome é Salvador, não é de admirar que o chamem assim
A grande casa de Deus
Ele escolheu os cravos
3:16

CAPÍTULO 18: A RESSURREIÇÃO E A VIDA
Ele ainda remove pedras
Seis horas de uma sexta-feira
A grande casa de Deus
3:16
Deus chegou mais perto

CAPÍTULO 19: O GRANDE DIA
A história de Deus e a sua história

Notas

Capítulo 7

1. EDERSHEIM, A. *The Life and Times of Jesus the Messiah*. Peabody, MA: Hendrickson Publishers, 1993. p. 62-63.

Capítulo 12

2. BRANTLY, K.; BRANTLY, A.; THOMAS, D. *Called for Life*: How Loving Our Neighbor Led Us into the Heart of the Ebola Epidemic. Colorado Springs, CO: WaterBrook, 2015. p. 97.
3. Hebreus 4:16.
4. BRANTLY, *Called for Life*, p. 97.
5. CHISHOLM, T. O. "Great Is Thy Faithfulness". *Hymnal*. Disponível em: https://www.hymnal.net/en/hymn/h/19. Acesso em: 25 jan. 2021.
6. HAWKS, A. S. "I Need Thee Every Hour". *Hymnary*. Disponível em: https:hymnary.org/text/i_need_thee_every_hour_most_gracious_lor. Acesso em: 25 jan. 2021.

7. BRANTLY, *Called for Life*, p. 115.

CAPÍTULO 16

8. HENRY, M. Matthew to John. v. 5 de *Matthew Henry's Commentary on the Whole Bible*. Old Tappan, NJ: Fleming H. Revell, 1985. p. 428.

CAPÍTULO 17

9. BAUER, W. *A Greek-English Lexicon of the New Testament*. Trad. William F. Arndt e F. Wilbur Gingrich. Chicago: University of Chicago Press, 1979. p. 50.
10. BLINZLER, J. *The Trial of Jesus*: The Jewish and Roman Proceedings Against Jesus Christ Described and Assessed from the Oldest Accounts. Trad. Isabel McHugh e Florence McHugh. Westminster, MD: Newman Press, 1959. p. 103.

PARTE 6

11. JOSHI, S. "The World's Most Expensive Flight Costs $38,000 – One Way". *Mashable*. 5 maio 2016. Disponível em: https://mashable.com/2016/05/05/worlds-most-expensive-flight-eithad-mumbai/#bC_o003sjgqB. Acesso em: 25 jan. 2021.
12. LEWIS, C. S. *The Voyage of the Dawn Treader*. Nova York: Harper Collins, 1952. p. 213.